Rainer Patzlaff

Sprachzerfall und Aggression

PRAXIS ANTHROPOSOPHIE 27

Praxis Anthroposophie – die Taschenbuchreihe für Vorausdenkende: Heute sind Ideen gefragt, die nicht nur das Bestehende erfassen, wie es ist, sondern es vorausdenkend weiterentwickeln. *Praxis Anthroposophie* stellt solche Ideen vor – individuelle Entwürfe, die durch den Gestaltungswillen ihrer Autoren geprägt sind. *Praxis Anthroposophie* sucht das Gespräch, die offene Form, in der sich die geistigen Strömungen unserer Zeit begegnen. *Praxis Anthroposophie* will ihre Leser zu der Erfahrung führen: «Was fruchtbar ist, allein ist wahr.»

Über das Buch: Der Autor beleuchtet Hintergründe des aktuellen Gewaltphänomens und stößt auf einen überraschenden Zusammenhang: Eine wesentliche Ursache für die zunehmende Aggression liegt in dem gegenwärtigen Zustand der Sprache. Sprachentleerung, Sprachzerfall und eine wachsende Phrasenhaftigkeit prägen das politische und soziale Leben. In seiner Analyse ordnet Rainer Patzlaff diese Erscheinungen in große geschichtliche Entwicklungslinien ein.

Der fortschreitende Sprachzerfall birgt jedoch auch eine Chance. Der einzelne Mensch sucht gegenwärtig das Wesentliche immer mehr hinter der Sprache. Im aktiven Schweigen, im bewußten Zurückhalten der Sprache vor ihrer drohenden Entwertung gewinnt er eine neue Wahrnehmungsfähigkeit.

Über den Autor: Rainer Patzlaff, 1943 geboren, studierte Germanistik, Graecistik und Philosophie in Münster und Berlin. Wissenschaftlicher Assistent an der Freien Universität Berlin, Promotion mit einer interdisziplinären Studie zur Entstehung des Endreims. Referendariat und Lehrtätigkeit am Gymnasium. Seit 1975 Oberstufenlehrer für Deutsch und Geschichte an der Freien Waldorfschule Uhlandshöhe in Stuttgart. Dozent am Seminar für Waldorfpädagogik in Stuttgart.

RAINER PATZLAFF

Sprachzerfall und Aggression

Geistige Hintergründe der Gewalt und des Nationalismus

VERLAG FREIES GEISTESLEBEN

Die Deutsche Bibliothek – CIP-Einheitsaufnahme
Patzlaff, Rainer:
Sprachzerfall und Aggression:
geistige Hintergründe der Gewalt und des Nationalismus / Rainer Patzlaff. –
Stuttgart: Verlag Freies Geistesleben, 1994
(Praxis Anthroposophie; 27)
ISBN 3-7725-1227-5

NE: GT

Umschlag: Walter Schneider, unter Verwendung einer Grafik
von Gerlinde Wendland
Druck: Clausen & Bosse, Leck

Inhalt

Vorwort

Seit sich durch die «Wende» des Jahres 1989 die weltpolitische Lage grundlegend verändert hat, sind Nationalismus und Gewalt mit neuer, unerwarteter Heftigkeit hervorgebrochen. Auf dem Balkan und an anderen Orten herrschen Chaos und Zerstörung, und etwas davon brandete auch in unseren Alltag herein in einer Welle des Fremdenhasses und der Brutalität, die tiefes Erschrecken hinterließ. Wie konnte es, so müssen wir fragen, zu einem so sinnlosen, selbstzerstörerischen Haß der Völker kommen? Was treibt Menschen ohne erkennbaren Grund zu maßloser Grausamkeit und Aggression? Die Ursachen liegen nicht ohne weiteres auf der Hand, ja, die Phänomene scheinen sich rationalen Erklärungsversuchen überhaupt zu entziehen, und das macht sie um so beunruhigender.

Die hier vorgelegte Studie möchte den Leser einer Antwort bzw. einem gewissen Verstehen der Vorgänge näherbringen, indem sie den Blick über die Tagesereignisse hinaus auf große menschheitsgeschichtliche Zusammenhänge und Entwicklungsgesetze lenkt, deren Wirksamkeit sich in den Turbulenzen und Krisen der Gegenwart niederschlägt. Erst vor diesem Hintergrund gewinnen wir ein deutlicheres Bild von der inneren Dramatik unserer Zeit und von den Aufgaben, vor die sie uns stellt.

Freilich ist das Thema so komplex, daß an eine auch nur annähernd vollständige, systematisch durchgeführte Darstellung nicht zu denken war. Daher bin ich von vornherein auf eine offene Form zugegangen, indem ich drei größere Betrachtungen aneinandergefügt habe, von denen jede auf eine andere Art, mit anderen Fragestellungen das Problemfeld umkreist, so daß es von ganz verschiedenen Seiten her beleuchtet wird. Gleichwohl sind die drei Betrachtungen darauf angelegt, im Bewußtsein des Lesers zu einem Ganzen zusammenzuwachsen, zu einem vielschichtigen Bild, hinter dem die Umrisse eines gewaltigen, umfassenden Jahrhundertgeschehens sichtbar werden.

Meine Darstellung wird aphoristisch bleiben müssen, doch hoffe ich gerade dadurch den Leser zu eigenen, weitergehenden Betrachtungen anzuregen.

Stuttgart, im November 1993 *Rainer Patzlaff*

Hintergründe des Gewaltproblems

Als im Herbst 1989 in Berlin die Mauer fiel und ein Jahr später die deutsche Wiedervereinigung gefeiert werden konnte, da herrschte weithin euphorische Aufbruchsstimmung; man hatte das Gefühl, nach den Jahrzehnten des Kalten Krieges habe nun eine bessere, lichtere Zeit begonnen. Heute zeigt sich uns ganz anderes: Wohl ist ein Aufbruch geschehen; aber was da aus den verkrusteten Strukturen des Kalten Krieges herausbrach, war nicht eine neue Friedensordnung der Menschheit, kein brüderliches Zusammengehen aller Völker, sondern ein Abgrund von Gewalt und Aggression, von Brutalität und nationaler Leidenschaft. Seit langem schon wütet auf dem Balkan eine skrupellose Blut- und Bodenpolitik, die an Grausamkeit und menschenverachtendem Zynismus ihresgleichen sucht. Stammesfehden, Völkerhaß und Blutrache scheinen wieder angesagt, und damit erheben archaisch-elementare Mächte, die man längst überwunden glaubte, mit neuer Kraft ihr Haupt. Erschrocken fragt sich der Beobachter: Geht die Geschichte rückwärts? Kehren die Gespenster der Vergangenheit wieder?

Im August 1991 ging das Foto einer 24jährigen Jugoslawin durch die Presse, die sich den Reportern als kroatische Milizionärin vorstellte, mit einem schweren Maschinengewehr in der Hand, den Finger am Abzug. Sie werde, so erklärte sie, nicht zögern, ihren ehemaligen Ehemann, der auf der serbischen Seite kämpfe, «zu erschießen, wenn es denn notwendig ist». Befragt nach dem Grund, erwiderte sie, ihr Mann und sie seien glücklich verheiratet gewesen und hätten auch ein gemeinsames Kind gehabt. «Doch eines Tages sagte er, er könne nicht länger mit einer Kroatin verheiratet sein, und verließ mich. Wenn wir aufeinandertreffen, werde ich ihn töten, denn sonst, das weiß ich, erschießt er mich.»[1] Im Sommer 1991 erregte solch eine Zeitungsnotiz noch Aufmerksamkeit, denn hier verdichtete sich in einem Einzelschicksal das Rätsel, vor dem die zivilisierte Welt in jenen Tagen stand: Wie kann es sein, daß Menschen, die eben noch als freie, selbstbestimmte Individuen zusammenlebten, ohne daß die ethnische Herkunft der Partner irgendeine Rolle spielte, plötzlich in dem anderen nicht mehr den Partner sehen, sondern den hassenswerten Vertreter eines fremden Volkes, einer fremden Rasse, eines fremden Blutsverbandes, und fortan nur noch die eine Aufgabe kennen, aufeinander loszugehen und sich gegenseitig auszulöschen?

Rational war das nicht zu fassen, und doch wurde das Unbegreifliche bald darauf alltägliche Realität im ehemaligen Jugoslawien. Und nicht nur dort. Auch an vielen anderen Orten der Welt flackerte blindwütiger Nationalismus auf und zersprengte gewachsene Gemeinschaften, die in Frieden gelebt hatten. 1992 zählte man bereits mehr als vierzig solcher Konflikte rund um die Erde, die zusammen über eine halbe Million Todesopfer forderten, und ein Ende ist bis heute nicht abzusehen. War es da nicht berechtigt, wenn Kritiker 1993 von einer «Epidemie des Wahnsinns»[2] sprachen? Und sind wir selbst nicht auch schon davon infiziert? Hat doch alles, was sich auf dem Balkan und anderswo im großen Maßstab abspielte, hierzulande im kleinen seine genaue Entsprechung in den Ausbrüchen von Ausländerhaß und Rechtsradikalismus, in der zunehmenden Gewaltbereitschaft von Jugendlichen, in offenen Brutalitäten gegen Behinderte und Kranke, in Grausamkeiten von Eltern an Säuglingen und wehrlosen Kleinkindern, in sinnloser Zerstörungswut und vielen ähnlichen Tendenzen.[3] Hat der Krieg aller gegen alle begonnen?

Angesichts solcher Perspektiven breiten sich Angst und Ohnmacht aus, tiefe Sorge und die bange Frage: Was geht hier eigentlich vor? Wohin treibt das alles? – Es ist nicht die Absicht der folgenden Betrachtung, noch tiefer in die Enge der Angst hineinzuführen, in der jeder sich alleingelassen und verloren fühlt, sondern im Gegenteil einen freieren Atem zu gewinnen, indem wir den Gesichtskreis erweitern und auf die großen menschheitsgeschichtlichen Prozesse blicken, in denen wir mitten darinstehen und die uns erst begreiflich machen, was uns in der Gegenwart so beunruhigt.[4]

Die Wiederkehr des Nationalismus

In den ersten Wochen des Jahres 1993 wurde anläßlich des 60. Jahrestages von Hitlers «Machtergreifung» in der Presse vielfach auf den Beginn des Dritten Reiches geblickt. Besonders interessant erschien mir dabei eine Zitatensammlung, die belegte, wie dieses Ereignis zu jener Zeit von berühmten Persönlichkeiten kommentiert wurde.[5] Man mag es heute kaum glauben, wie gering viele Beobachter damals die Stoßkraft des Nationalsozialismus einschätzten. Thomas Mann zum Beispiel ließ sich 1933 zu der Äußerung hinreißen: «Das Rasen der nationalistischen Leidenschaften ist nichts weiter als ein spätes und letztes Aufflackern eines schon niedergebrannten Feuers, ein sterbendes Wiederaufflammen, das sich selbst als neue Lebensglut mißversteht.» – Ein eklatantes Fehlurteil, wie wir heute wissen; der Nationalismus focht noch lange nicht sein letztes Gefecht. Seine Kraft ist ungebrochen, ja, sie scheint sich noch zu steigern. Ein Symptom dafür ist die anhaltende Welle von Staatsgründungen: Anfang 1993 zählte die Welt 190 Staaten, rund viermal so viele wie zu Beginn des Jahrhunderts; allein seit 1991 waren 21 dazugekommen! Doch dürfte das noch ein bescheidener Anfang sein. Nicht zu Unrecht wurde dem UNO-Generalsekretär Ghali, der sich über den neuen «Mikro-Nationalismus» bitter beklagte und die Welt bereits in 400 marode Kleinstaaten zerfallen sah, in einem *Spiegel*-Bericht[6] entgegengehalten, daß noch weit Schlimmeres zu befürchten sei: «Weltweit existieren etwa 3500 Völker, Stämme oder Gruppen, die sich selbst als Nation sehen. Sie alle könnten demnach Selbstbestimmung einfordern.» Insgesamt, so der Bericht, werde die Zahl der Völker, Stämme und Sprachgruppen der Erde auf rund 7000 geschätzt.

Was wird geschehen, wenn nicht zwei oder drei Völker, wie jüngst auf dem Balkan, sondern siebentausend das Selbstbestimmungsrecht der Völker für sich in Anspruch nehmen und auf «ethnischer Säuberung» bestehen?

«Das Potential für mörderisches Chaos ist grenzenlos», resümierte der Berichterstatter, und dem ist nichts hinzuzufügen. Eine Frage aber wurde in dem Bericht nicht beantwortet: Wie kommt es, daß das tausendfältige Nebeneinander verschiedener Volks- und Sprachgruppen, das es doch schon seit Jahrhunderten gibt, erst jetzt zum globalen Sprengstoff wird? Woher gewinnt der Nationalismus gerade in unserer Zeit eine so ungeheure Zerstörungsgewalt? Dieser Frage möchte ich im folgenden nachgehen.

Eines der wichtigsten Ergebnisse der vergleichenden Sprachwissenschaft war im 19. Jahrhundert die Entdeckung, daß die Zersplitterung in Tausende von Sprachen, Dialekte und Mundarten nicht von Anfang an gegeben war; sie hat sich im Laufe langer Zeiträume erst nach und nach entwickelt. Untersucht man nämlich die heutigen Sprachen auf ihren historischen Werdegang, ergeben sich sogleich überraschende Verwandtschaften mit anderen Sprachen, und je weiter man zurückgeht, desto näher rücken diese Verwandtschaften zusammen, so daß sich der Forschung regelrechte Sprachstammbäume ergeben haben: Von den äußersten Ästchen und Verzweigungen des gegenwärtigen Sprachenwirrwarrs führt der Gang zu immer dickeren Zweigen und Ästen, die sich schließlich in einigen wenigen Grundstämmen vereinigen. Wir müssen uns also vorstellen, daß in älteren, weit zurückliegenden Zeiten der Menschheitsentwicklung die Sprache über weite Gebiete der Erde hin viel einheitlicher war und die Menschen nicht voneinander trennte, sondern in einer großen Gemeinschaft zusammenhielt.

Die Erinnerung an diese ursprüngliche Einheit der Menschheit ist in den Hochkulturen des Alten Orients noch lange lebendig geblieben. Sie tritt uns in dem Mythos von dem Turmbau zu Babel entgegen, der davon berichtet, wie es dazu kam, daß die Menschheit aus dieser großen Gemeinsamkeit herausgerissen wurde: Getrieben von dem Verlangen, den Göttern gleich sein zu wollen, begannen die Menschen einen himmelstürmenden Bau zu errichten, der von der Erde bis zum Sitz der Götter hinaufreichen sollte, und indem sie ihn errichteten, überkam sie plötzlich etwas wie ein Fluch, der sie auseinandertrieb: Sie verstanden sich nicht mehr, stoben in alle Himmelsrichtungen davon und verloren sich aus den Augen; so wurden sie einander immer fremder, ja feindlich, und konnten zu keiner Gemeinsamkeit mehr finden.

Die alte Menschheit hat diesen Vorgang offensichtlich nicht als einen Fortschritt erlebt, sondern als einen schmerzlichen Verlust, als eine Zerstückelung und Zerstörung der Einheit. Aber in dem Auseinanderfallen in viele einzelne Gruppen lag nicht nur das Ende einer Epoche, sondern zugleich der Beginn eines ganz neuen welthistorischen Prozesses, der bis in unsere Zeit gewirkt hat: Die Gruppen nämlich, die jetzt auseinanderstrebten, verbanden sich mit ganz bestimmten Erdenregionen, in denen sie sich für lange Zeit festsetzten, um dort ihre eigene, besondere Entwicklung zu pflegen. Dadurch ging auf der einen Seite der Zusammenhang mit der übrigen Menschheit immer mehr verloren, auf der anderen Seite aber entstand eine feste Bindung an den jeweiligen Boden, der nun mit allen seinen speziellen Kräften, seinen klimatischen und geologischen Bedingungen, mit seiner Landschaft, mit Fauna und Flora auf die jungen Völker einwirken konnte; und da die Menschen noch sehr bildbar waren, wirkten diese Kräfte bis in die feineren Formen der Leiblichkeit hinein gestaltend und prägend.

Das ergab nicht nur Unterschiedlichkeiten in den Gebräuchen und Riten, in der Lebensweise und Kultur, in den Anschauungsweisen und Begabungen der einzelnen Völker, sondern auch ganz eigene, unverwechselbare Sprachorganismen, die aufs engste verwoben waren mit dem Lebensgefüge des jeweiligen Erdenortes, an dem sie sich entwickelten. Ein wunderbarer Zusammenklang von Mensch, Landschaft und Sprache entstand, auf den wir heute fast schon mit nostalgischer Wehmut zurückblicken. Denn welch eine urwüchsige Kraft und

Herzhaftigkeit liegt in einem bodenständigen Dialekt! Erlebt man die dazugehörige Landschaft, dann spürt man, wie die Sprache herausgewachsen ist aus dem generationenlangen Umgang mit den Bergen, mit Bäumen und Flüssen, mit allen irdischen Gegebenheiten, die der Landschaft ihr besonderes Gepräge geben. Das ist es, was die Sprache so kernig und lebensvoll macht, was ihr die sinnliche Konkretheit verleiht. Hält man unser trockenes Hochdeutsch dagegen, kommt man sich recht blutleer vor. Man denke sich beispielsweise die Oberuferer Weihnachtsspiele in hochdeutscher Fassung aufgeführt, wie ich es schon erlebt habe: Das ganze Aroma, das den Spielen ihre Würze, ihren unnachahmlichen Humor verleiht, ist wie weggeblasen; die begriffliche Information scheint die gleiche, und doch fehlt das gewisse Kolorit, das der Dialekt aus seiner innigen Verbindung mit den Kräften eines bestimmten Erdenraumes gewonnen hat. Solch eine Sprache war geeignet, um sich von Mensch zu Mensch ganz unmittelbar und herzhaft zu begegnen; sie ermöglichte den sozialen Zusammenhalt der Gruppe.

Gemeinsamkeit des Blutes

Es ist jedoch nicht nur die Sprache, die die Menschen in einer Gruppe zusammengehalten hat, sondern es ist auch und ganz besonders die Blutsverwandtschaft, die durch Jahrhunderte hindurch gepflegt wurde. Wie allgegenwärtig das Netz verwandtschaftlicher Beziehungen für den einzelnen früher war, können wir uns heute kaum noch vorstellen. Man bekommt eine Ahnung davon, wenn man etwa in einem abgelegenen Alpental in eine noch intakte dörfliche Gemeinschaft kommt und dort bemerkt, wie zwei, drei Familiennamen immer wiederkehren, weil im Grunde jeder mit jedem verschwägert ist. Daher kennt auch jeder jeden, und man weiß genau, wer zugereist ist und eigentlich nicht dazugehört.

Die Gemeinsamkeit des Blutes hat, je weiter man in die Vergangenheit zurückgeht, um so größere Bedeutung. Wenn man heute zwei Geschwister schon in jungen Jahren trennt, und sie begegnen sich später irgendwo einmal, ohne zu wissen, wen sie vor sich haben, so ist es sehr fraglich, ob sie aus sich heraus überhaupt etwas davon spüren würden, daß sie geschwisterlichem Blut gegenüberstehen. In älteren Zeiten hingegen, die in Europa teilweise gar nicht so weit zurückliegen, verhielt es sich so, daß bei der Begegnung von Blutsverwandten spontan ein Gefühl der Zusammengehörigkeit erlebt wurde, nicht aus diesen oder jenen äußeren Anzeichen heraus, sondern aus dem unmittelbaren, instinktiven Erleben des Blutszusammenhanges. Es ist überliefert, daß die Germanen, die in dieser Hinsicht noch besonders urtümlich waren, ein sicheres Zusammengehörigkeitserlebnis hatten nicht nur zwischen Geschwistern, nicht nur zwischen Kindern und Eltern, sondern bis in Verwandtschaftsgrade hinein, bei denen wir wahrscheinlich nicht einmal mehr die Namen der Personen wüßten, nämlich bis zu Verwandtschaften siebten Grades. Die elementar verbindende Kraft der gemeinsamen Erbstromkräfte wurde da in aller Deutlichkeit wahrgenommen.

Wenn man das weiß, kann man gewisse Phänomene erst verstehen, beispielsweise daß die Menschen damals eigentlich kein privates Gedächtnis hatten, sondern ein Gedächtnis, das sich immer an die Erlebnisse des Vaters und des Großvaters anknüpfte, also eine Art Sippen- oder Gruppengedächtnis, in welchem die Gegenwart des einzelnen mit der Vergangenheit seiner Vorfahren in eins zusammenfloß. Sagen und Berichte aus alten Zeiten zeigen oft diese Eigenart, und es nimmt nicht wunder, daß die Historiker sie als pure Fabelei abtun; sie beruhen eben auf ganz anderen Verhältnissen, als wir sie heute kennen.

Ähnlich verhält es sich mit allem, was wir als Volkslied, Volksdichtung und Volksmusik aus älteren Epochen überliefert finden: Nie ist ein einzelner Urheber festzustellen, sondern das Lied oder Gedicht ist aus dem Erleben der ganzen Gemeinschaft herausgewachsen, wurzelt in ihrer Empfindungswelt, und selbst große Epen wie das Nibelungenlied konnten gedichtet werden, ohne daß es einen benennbaren Autor gab. Wie das Blutsempfinden hatte sich auch das seelische Erleben noch nicht in die abgrenzbare Privatsphäre des Einzelmenschen zurückgezogen, sondern lebte noch nach außen gewendet im Zusammenklang, im Mitschwingen mit dem Empfinden der ganzen Gruppe. Rudolf Steiner nannte dies die «Gruppenseele»; sie gab dem Blutsverband das innere Leben, den seelischen Zusammenhalt.

Sie konnte aber auch nach außen wirksam werden: Wurde einer aus der Gruppe angegriffen, erlebten die anderen das genauso intensiv, als wenn sie selbst betroffen wären. Daher kam der Angriff auf eine Person dem Angriff auf die ganze Gruppe gleich und löste sofort die gemeinsame Abwehr aus. Wir kennen das noch heute in dekadenter Form als Sippenrache.

Das Immunsystem der Gruppe

Indem die Menschheit sich in immer kleinere Gruppierungen aufspaltete, die sich mehr und mehr individualisierten, fiel der Blutsgemeinsamkeit eine doppelte Funktion zu: Nach außen diente sie der Abgrenzung von anderen Gemeinschaften, der «Hautbildung», die das Fremde nicht hereinließ und sich notfalls auch zu wehren wußte. Nach innen schuf sie Zusammenhalt, schweißte die einzelnen zur Gemeinschaft zusammen und bot ihnen dadurch Sicherheit und Geborgenheit. Die Sozialität, die da entstand, ging nicht durch den Kopf über irgendwelche Rechts- oder Moralvorstellungen, sondern erwuchs ganz aus den biologischen Tatsachen der Blutsverhältnisse.

Auch die Sprache wirkte als Immunsystem: Die «anderen» wiesen sich schon durch ihre Sprache als Fremde aus, die nicht dazugehörten, vielleicht sogar abgelehnt wurden, während man sich nach innen durch den vertrauten Klang der eigenen Sprache zusammenfand. Aber sogar innerhalb eines Volkes oder Stammes schritt die Differenzierung fort, bis man schließlich an winzigen Unterschieden in der dialektalen Färbung die Zugehörigkeit zu einem bestimmten Dorf erkennen konnte und jedes Dorf auf seine Eigenart auch stolz war, weil sie ihm Identität verlieh, durch die es sich von den anderen unterschied.

In der Bluts- und Sprachgemeinsamkeit lag also eine gewaltige Macht, deren Wirksamkeit wir nicht unterschätzen dürfen: Sie band den einzelnen fest an die Gruppe, sie verlieh der Gemeinschaft Vitalität und Gestalt, sie wirkte aufbauend und lebenserhaltend, konnte sich aber nach außen auch als rücksichtslose Abwehr, als Kampfbereitschaft und Vernichtungswille zeigen. Diese Kräfte, das darf man wohl sagen, sind naturnotwendig gewesen. Sie waren unabdingbar zur Erhaltung der eigenen Art, zur Bewahrung der Eigenständigkeit. Deshalb kann man verstehen, daß eines der schlimmsten Verbrechen in einem solchen Zusammenhang der Verwandtenmord gewesen ist. Er war wie ein Sichselbstverletzen, ein Sichselbstangreifen. Und das Allerschlimmste, was man damals kannte, war

Muttermord. Das war ein Vergehen gegen die Kraft, die Leben gab. Man empfand in alten Zeiten, daß da die Weltordnung selber rebelliert und furchtbare Rachegeister wirken läßt, die die Übertretung zurechtrücken müssen, indem sie den Frevler verfolgen und vernichten, so daß das eherne Gesetz der Lebensbewahrung wiederhergestellt wird.

Die Herauslösung der Individualität

Die weitere Entwicklung ging nun dahin, daß die Menschen aus solchen Bluts- und Sprachzusammenhängen allmählich entlassen worden sind. Aus den großen, riesigen Verbänden der ursprünglichen Menschheitsgruppierungen gliederten sich die einzelnen Völker heraus, aus den Völkern wiederum die Stammesverbände, dann aus den Stämmen die Sippen, aus den Sippen die Großfamilien und aus denen schließlich die Einzelfamilie, bis sich ganz zum Schluß aus alledem die Individualität, der Einzelmensch, heraushob. Man kann sogar ziemlich genau den Zeitpunkt in der Geschichte angeben, an dem die Menschen erstmals die Fähigkeit gewannen, losgelöst von Bluts- und Sprachverband auf eigenen Füßen zu stehen, selbst gewissermaßen eine eigene Gruppe darzustellen, einen eigenen Typus, eben eine Individualität. Doch halten wir zunächst einmal den angedeuteten Vorgang in einer Skizze fest (S. 20).

Das Schema soll andeuten, wie der Einzelmensch zunächst noch in umfassendste Menschheitszusammenhänge eingebettet ist, die sich dann zu einzelnen Völkern, Stämmen und Sippen verengen. Schließlich verkleinert sich der Umkreis bis zu den einzelnen Familien, aus denen sich zuletzt die Einzel-

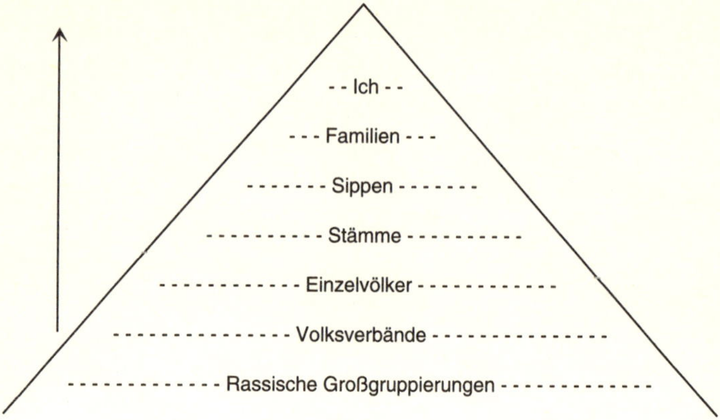

Schema 1

persönlichkeit herauslöst. Jetzt erst wird das geboren, was der Mensch allen anderen Lebewesen voraushat, nämlich das Ich, das keiner Gattungsbindung mehr unterworfen ist und als ein freies, selbständiges Wesen hervortritt. Die Gesamtentwicklung strebt also von der universalen Einbettung fort und stellt den Menschen immer mehr in das Einzelsein, in das Abgesondertsein, aus dem heraus er seine Freiheit gewinnen kann.

Die entscheidende Schwelle von der Blutsbindung zum Freiwerden der Individualität wird mit Beginn der griechischen Kulturepoche erreicht. Die Griechen waren sich dessen vollständig bewußt; das zeigen die Tragödien des Aischylos und des Sophokles (*Orestie*, *König Ödipus* u.a.), in denen das Ringen des erwachenden Ich gegen die übermächtige Gewalt des Sippenerbes dargestellt wird. Auch die epochale Leistung Herodots, des «Vaters der Geschichtsschreibung», gehört hierher, denn jetzt beginnt überhaupt erst Geschichte im eigentlich menschlichen Sinne, Geschichte, die aus dem Ich heraus gestaltet wird.

Allerdings sollten wir deutlich sehen, daß das, was da als Ich zum Vorschein kommt und sich bis heute immer kräftiger entwickelt, von einem ganz bestimmten, sehr einseitigen Gestus geprägt ist: Hervorgegangen aus der Verengung, aus dem Gang in die Vereinzelung, huldigt es stets der Tendenz zur Distanz, zur Abkapselung. Getrennt von der Welt für sich sein zu wollen und sein Eigensein zu pflegen, das ist zunächst einmal der Duktus, der dieses Ich bestimmt.

Woher nimmt das Ich aber die Kraft, von der Welt getrennt zu existieren? Die Griechen erlebten das grundlegend Neue ihrer Situation darin, daß der Mensch nun in sich selber ein leitendes Prinzip entdeckt, das ihn unabhängig macht: das eigene Denken, das eigene Urteilsvermögen, aus dem heraus er die Welt erkennen und beurteilen, ja sogar das eigene Schicksal in die Hand nehmen kann. Das Selbstgefühl, das vorher in der ganzen Gruppe pulsierte, zieht sich in den einzelnen Menschen zurück, zentriert sich in seinem Inneren und wird zum hellwachen Ich-Bewußtsein, das freilich immer dadurch erkauft wird, daß man sich gegen die anderen absetzt und abschottet.

Das bürgerliche Ich

Nach Jahrhunderten des Umbruchs wurde auch das christliche Abendland von dieser Entwicklung allmählich ergriffen. Vom Hochmittelalter an entstanden, über das ganze Land verstreut, einzelne Keimorte, an denen sich freie Individualitäten herausbilden konnten. Blicken wir zum Beispiel auf die Schwäbische Alb, an deren Abbruch zahlreiche Burgen und Burgruinen stehen. Wie sind sie entstanden? Die besitzenden Herren fanden

Gefallen daran, sich aus der Dorfgemeinschaft im Tal herauszusondern und aus luftiger Höhe auf ihren Grund und Boden herabzublicken. Ihre Behausungen, von denen man weit ins Land schauen konnte, umgaben sie mit dicken Mauern, und die dienten offenbar nicht nur der Verteidigung. Messungen ergeben, daß sie meistens viel dicker sind, als aus statischen oder strategischen Gründen notwendig wäre. Außerdem begnügte man sich nicht mit einem einzigen Bollwerk, dem Bergfried, sondern zog um diesen innersten Mauerkern noch einen Mauerring, und die stolzeren Burgen noch einen zweiten und vielleicht sogar einen dritten. Und wenn die Ritter sich dann nach draußen begaben zu Kampf und Turnier, dann nahmen sie den Mauerring im kleinen mit sich, indem sie sich körperlich in eine Mauer packten, nämlich in eiserne Panzerringe, in die unsäglich schweren Rüstungen, durch die nichts hindurchdringen durfte. Eine Art «Burgen-Ich» bildete sich, mit einem Gestus des Innenraum-Schaffens, des Geborgenseins in sich selber.

Diese Burgen in Mitteleuropa sind dann das Vorbild geworden für die mittelalterlichen Städte, die sich ebenfalls mit wehrhaften Mauern umgaben und die Bezeichnung «Burg» übernahmen. «Bürger» nannten sich ihre Bewohner im Unterschied zu der Landbevölkerung. Die Stadtmauern waren als Abgrenzung gegen das Umland damals schon aus Rechtsgründen notwendig, denn innerhalb des ummauerten Bereichs herrschten viel freiere Verhältnisse als draußen auf dem Lande. Stadtluft macht frei, sagte man – und tatsächlich erkämpften sich die Bewohner von den Landesherren immer mehr Rechte, bis sie als freie «Bürger» nahezu autonom waren. Es ist das bürgerliche Ich, das sich hier emanzipierte und sehr rasch sein Freiheitsbewußtsein erlangte. Mit dem Stolz auf das Selbsterreichte, auf alles, was man den anderen abgetrotzt hat, auf die

Fähigkeit, aus sich heraus Kultur zu schaffen, Handel zu treiben, Recht zu setzen, ja vielleicht sogar über Religion kritisch zu urteilen, beginnt die Neuzeit. Und aus diesen zunächst noch einzelnen, besonders abgegrenzten Orten verbreitete sich die bürgerliche Kultur über das ganze Land, über ganz Europa und schließlich über die ganze Welt.

Heute haben wir die Mauern äußerlich nicht mehr nötig, denn jeder hat sie in sich. Das kann der Reisende erleben, wenn er hierzulande mit der Eisenbahn unterwegs ist: Da geht man, wenn der Zug nicht allzu voll ist, von Abteil zu Abteil und sieht in jedem Abteil einen sitzen, ganz allein, die Tür ist zu, vielleicht auch noch der Vorhang. Kommt man dagegen in den Süden Europas, wo noch mehr das Gruppenhafte gepflegt wird, da halten die Menschen es gar nicht aus, allein zu sein; sie müssen zusammensitzen, zusammen lustig sein, singen und scherzen und miteinander reden.

Der Verlust des alten Hellsehens

Das Heraussondern aus dem Großen der Menschheit bedeutet einerseits eine Emanzipation, eine Befreiung des eigentlichen Kerns des Menschen, des Ich. Andererseits ist damit aber auch ein großer Verlust verbunden. Denn die frühe Menschheit war noch tief verwurzelt in den inneren Kräften der Welt. Es war durchaus kein Aberglaube, sondern reale Erfahrung, wenn die alten Völker in ihrer Naturanschauung stets von konkreten, schaffenden Wesenheiten berichteten. An solchen Darstellungen kann man erkennen, daß damals über das Tagesbewußtsein hinaus eine Art Hellsehen vorhanden war, ein instinktives

Wahrnehmen derjenigen geistigen Mächte, die hinter dem Sinnesschein tätig sind und fortwährend aus dem Unsichtbaren das Sichtbare hervortreiben. Und weil man sie noch gewahrte oder zumindestens noch spürte und ahnte, hatten die Menschen eine große Ehrfurcht vor ihnen und eine tiefe natürliche Religiosität, die sich in Resten bei allen sogenannten «primitiven Völkern» bis in das 20. Jahrhundert hinein erhalten hat.

Indem nun die Menschheit den geschilderten Gang in die Verengung geht, löst sie sich nicht nur aus den ererbten Bluts- und Sprachzusammenhängen heraus, sondern schnürt sich auch immer mehr von der Verbindung mit den schaffenden, übersinnlichen Kräften der Welt ab. Die Fähigkeit, den Zusammenhang überhaupt noch wahrzunehmen, geht allmählich verloren, und mit dem Anbruch der griechisch-römischen Epoche ist ihre Zeit abgelaufen. An ihre Stelle tritt eine ganz neue Fähigkeit, die sich bei den Griechen sogleich stolz und selbstbewußt kundtut: das rationale Denkvermögen, das aus eigener Kraft die Weltgesetze fassen kann und sich nun voller Interesse den Erscheinungen der äußeren, sinnlich-materiellen Welt zuwendet, um sie gedanklich zu durchdringen. Naturwissenschaft und Mathematik, Logik und Philosophie entfalten sich, und die Menschen beginnen, ihr Leben ohne Lenkung durch höhere Mächte selbst zu gestalten. Die Orakel in Griechenland verstummen, und die Römer gehen noch einen Schritt weiter und schließen alle Mysterienstätten. Die letzten Verbindungen zur übersinnlichen Welt werden zerrissen.

Mit welcher Gründlichkeit die Römer das besorgten, das kann derjenige nacherleben, der beispielsweise über die Trümmer von Eleusis geht, wo kein Stein mehr auf dem andern gelassen wurde. Die alte «Nabelschnur» zur Götterwelt mußte durchschnitten werden, während man damit anfing, die Erde zu ergreifen, zu gestalten, Weltherrschaft aufzubauen, das große Imperium Romanum mit all seinen Bauwerken, die für die Ewigkeit errichtet schienen.

Sehnsucht nach Ausweitung

Alles das strebt nun in unserer Zeit dem Höhepunkt entgegen: Jeglicher religiöse Hintergrund, der im Alltag noch Normen setzen könnte, ist verloren, Naturwissenschaft und Technik greifen immer tiefer in die irdischen Verhältnisse ein, und die Tendenz zur seelischen Abkapselung wird stärker und stärker. Sie reicht heute bis in den Wohnungsmarkt hinein, indem zwar laufend Wohnungen gebaut werden, zugleich aber der Bedarf ständig wächst, weil der Trend zum Single-Haushalt ungebrochen vorangeht. Man löst sich aus der eigenen Familie, man will für sich sein. Aber man erlebt auch die Schattenseiten, die diese Entwicklung mit sich bringt, denn sie führt in die Isolation, in die Einsamkeit. Der Panzer, den man unsichtbar um sich herum gebaut hat, wird immer dicker, und die Menschen bekommen das Gefühl, daß man sich in ein selbstgeschaffenes Gefängnis einmauert und in ihm zu vertrocknen droht, seelisch nicht mehr atmen kann und in sich selbst erstickt.

Je mehr die Isolation zunimmt, desto heftiger wird die innere Not, und so entwickelt sich – wie in einem gewaltigen Gegenschlag – immer dringlicher das Bedürfnis nach dem gegenteiligen Prozeß, nach einer Ausweitung des seelischen Erlebens, die das Innere des Menschen wieder anschließt an das Weltganze. Den unerschöpflichen Reichtum möglicher Sinneserfahrungen möchte man in sich aufsaugen, um in einen lebensvollen Austausch zu kommen mit allem, was uns umgibt. Ein unstillbarer Hunger nach Leben und Erleben treibt die Zeitgenossen um.

Indes beschränkt sich dieser Hunger nicht auf die Erfahrung der sinnlichen Welt. Die Existenz einer übersinnlichen Welt wird gespürt, und die tiefe Sehnsucht erwacht, in diese verlorene Welt wieder eintreten zu dürfen. Dort hofft man die heilenden Kräfte zu finden, die den Ausgleich schaffen können für die Einseitigkeit unseres analytisch geschulten Intellekts, der uns zwar die Autonomie des Ich garantiert, andererseits aber die Natur durch seine Eingriffe fortwährend schädigt und zerstört. Vom Baum der Erkenntnis haben wir gegessen, so sagt sich mancher, aber wie kommen wir hinüber zum Baum des Lebens, in den Bereich, wo die eigentlichen, erhaltenden, aufbauenden Kräfte wirksam sind?

Die ersehnte Ausweitung vollzieht sich nicht mehr aus irgendeiner Naturnotwendigkeit heraus; sie wird uns von niemandem geschenkt, und es gibt auch niemanden, der uns lenkt und auf die richtige Bahn bringt. Darin besteht unsere Freiheit, daß wir aus eigener Kraft den Entschluß fassen und allein den Weg gehen. Das heißt, es liegt am einzelnen selbst, ob eine Ausweitung geschieht oder nicht; die Möglichkeit steht offen, aber eben nur die Möglichkeit.

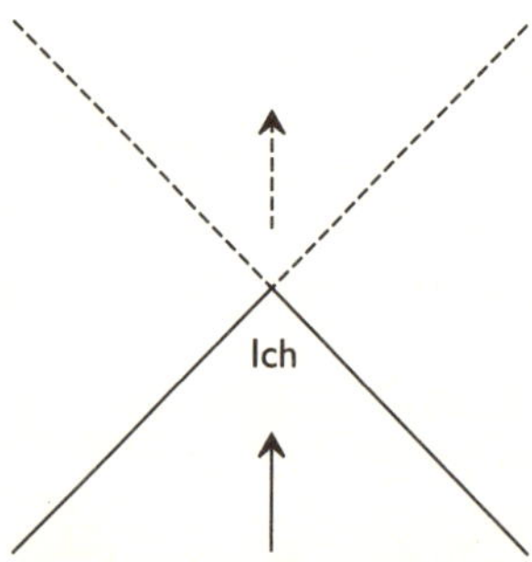

Schema 2

Vor dem Nadelöhr

Worin besteht nun dieser Vorgang, auf den so viele Menschen zuleben? Wir befinden uns in der aufsteigenden Ich-Entwicklung (*Schema 2*) an der Stelle, wo es immer enger und enger wird und man sozusagen an Mauern stößt und doch die Frage hat: Wie stoße ich hindurch? Es ist wie ein Nadelöhr, was da erlebt wird. Damit ist verknüpft, daß das Ich, wenn es durchstößt, nicht so bleiben kann, wie es war. Es muß durch eine Umstülpung hindurch: von der Geste des sich abkapselnden Burgen-Ich zur umgekehrten Geste des sich erweiternden, die Welt wieder in sich hereinholenden Ich.

Kaum daß die Umstülpung auch nur ahnungshaft in der Seele aufblitzt als eine Möglichkeit, tritt sofort die Sorge auf: Was wird dann aus mir? Werde ich mich halten können als Ich, wenn ich geistig in eine Ausweitung gehe, werde ich das bleiben, was ich bin – selbstbewußt, selbstbestimmt –, oder werde ich dann Opfer, Objekt irgendwelcher Mächte, die mich lenken und leiten? Kurz, es regt sich die Sorge, daß man sein liebgewordenes Burgen-Ich aufgeben müßte. Die Wohnung, in der man sich so schön eingerichtet hat, wo man sich sicher und wohl fühlt, die muß man nun eintauschen gegen ein Abenteuer mit ungewissem Ausgang. Das kann eine Aussicht sein, die einen nicht unbedingt dazu ermuntert, diesen Schritt auch zu tun. Man scheut zurück, und die Sorge vor dem, was hinter dem Nadelöhr als Neues kommen möchte, schlägt um in Angst, man könnte den bisher gepflegten Zusammenhang mit allem Leiblich-Materiellen vielleicht nicht mehr halten und damit den Boden unter den Füßen verlieren.

Die Angst vor dem Betreten der Schwelle, die über die Enge

des irdischen Ich hinausführt, lebt untergründig in vielen Menschen, auch wenn sie es nicht bewußt erleben oder es sich nicht eingestehen wollen. Und doch ist es ein Schritt, der jetzt ansteht, für den die Zeit reif ist; er ist im wahrsten Sinne des Wortes not-wendig. Wird er nicht getan – und das soll wirklich nicht im Tone des Hochmuts oder gar des Vorwurfs gesagt sein, denn jeder, der sich in die Situation hineinlebt, kann nachempfinden, wie man da zurückschreckt vor der Schwelle –, wird er also unterlassen, dann liegt das vollkommen in der Freiheit des einzelnen, sich so zu entscheiden. Aber seine Entscheidung hat Rückwirkungen von erschreckender Art: Wenn ihn die Angst vor der Schwelle umkehren läßt und er sich wieder der früheren Geborgenheit der Gruppe zuwendet, dann trägt er die Kräfte seines Burgen-Ich hinein in die alte Form der Gemeinschaftszusammenhänge, wo sie nicht hingehören, und dort wirken sie vergiftend, ja, sie werden zum Sprengstoff aller Sozialität. Denn der Selbsterhaltungstrieb, der vorher die Eigentümlichkeit einer ganzen Gruppe war, konzentriert sich heute in jedem einzelnen Menschen; schlägt er zurück in die Gemeinschaft, dann kann er die Gruppe nur zerreißen, Mord und Totschlag sind unausweichlich. Und das erleben wir eben zur Zeit in solch furchtbarer Weise. Dieselben Kräfte der Blutsbindung und des Gruppenzusammenhalts, die dem Menschen Stütze und Halt gaben, bis er die Freiheit gewonnen hatte, auf sich selbst gestellt dem Nadelöhr entgegenzugehen, sie werden jetzt seine Feinde. Es sind die gewaltigen, lebenserhaltenden Aufbaukräfte von einst, die sich umwenden in Zerstörungskräfte. Darin liegt ihre Sprengkraft.

Man kann daran ein geistiges Gesetz studieren, das sich etwa so formulieren läßt: Das einstmals Gute wird zur Unzeit ein Böses, wird eine Kraft, die sich gegen den Menschen wendet, eine Widersacherkraft. Ihr Wirken haben wir in jüngster Zeit in gesteigerter Weise wahrnehmen müssen, nicht nur an den grauenvollen Ereignissen in Bosnien-Herzegowina, sondern auch im eigenen Lande an den Ausbrüchen von Gewalt und Haß und nicht zuletzt an unserer Hilflosigkeit und dem lähmenden Entsetzen vor dem unfaßlichen Potential an Vernichtungsgewalt, das aus den alten Blutskräften freigesetzt wird. Man muß befürchten, daß mehr und mehr eine doppelseitige Angst die Menschen erfaßt: die Angst vor dem, was in der Ausweitung wohl kommen mag, und das furchtbare Erschrekken vor dem, was einem entgegenkommt, wenn man sich zurückfallen läßt in atavistische Blutsgewohnheit. Angst vor dem Neuen, der Selbstverwandlung – Angst vor dem verwandelten Alten. Beides führt zu demselben Ergebnis: Paralysierung der Willenskräfte, Ohnmacht des Ich.

Dadurch aber setzen wir uns nun einer gewaltigen, weltweit operierenden Verführungsmacht aus, die uns daran hindern will, den zeitnotwendigen Schritt durch das Nadelöhr zu gehen. Sie setzt alles daran, die Menschen im Materiellen, im Irdischen festzuhalten, und verwendet dazu vor allem zwei Methoden:

Die eine ist die, daß man dem Ich, das sich im innersten Punkt zusammengezogen hat und sich in seiner vertrocknenden Dürftigkeit nach Ausweitung sehnt, zum Schein ebendiese Ausweitung des Erlebens verschafft, indem man die ganze Welt ins Wohnzimmer bringt und uns ohne die geringste Mühe an allem teilnehmen läßt, was in der Welt passiert. Man nennt dies heute mit einem harmlosen Wort Zerstreuung oder Zeitvertreib.

Aber ist es wirklich nur Zeitvertreib? Auf einem Kongreß über Suchtfragen haben Fachleute kürzlich vorgeschlagen, das Wort «Zeitvertreib» abzuschaffen und den Vorgang so zu benennen, wie er eigentlich heißen müßte: «Ich-Vertreib». Meines Erachtens wäre es noch treffender, von einer Ichverpuffung zu sprechen. Denn die innere, konzentrierte Kraft, sicher auf sich selber stehen zu können wie auf einer Nadelspitze, ringsherum den Abgrund, diese Fähigkeit wird immer mehr verdünnt: Ich-Verdünnung, Ich-Verpuffung findet statt.

Die zweite Methode besteht darin, daß das Ich in das Bluthafte und Triebhafte heruntergezogen wird, wo der Mensch nicht mehr Individualität, sondern nur Exemplar einer Gattung sein kann und gattungstypischen Verhaltensnormen unterworfen ist. Mit diesem Rückfall nähert sich der Mensch dem Tierhaften. Es tritt eine Art Verklumpung des Ich ein, indem es an einen Bereich gefesselt wird, aus dem es sich schon herausgelöst hatte und den es eigentlich überwinden möchte. Beide Methoden – Ich-Verdünnung und Ich-Verklumpung – bewirken das, was man heute allerorts beobachten kann: überbordende Sexualität neben Lebensüberdruß, grenzenlosen Egoismus neben Willenslähmung, Aggression neben Stumpfsinn. Wie ist dem zu begegnen?

Der Ansatz, der hier ins Auge gefaßt werden muß, ist äußerst schlicht, so schlicht, daß man geneigt sein könnte, ihn für unwirksam zu halten. Er besteht zunächst in nichts anderem als in dem Gewahrwerden der inneren Kraft des Ich, das sich vor dem Nadelöhr zusammengeballt hat und sich mit Recht zunächst ganz winzig, schwach und unbedeutend vorkommt. Die wenigsten Menschen können sich vorstellen, daß aus diesem Ich heraus die Welt in irgendeiner Weise noch bewegt oder gar verändert werden kann. Aber genau darin liegt die Täuschung, denn es ist in diesem kleinen, winzigen Keim, in diesem Samenkorn, eine ungeahnte Kraft verborgen: höchste Verwandlungskraft, unendliche Entwicklungsfähigkeit. Jedoch kann das alles nicht zum Vorschein kommen, solange der Same in seiner engen, harten Schale verschlossen bleiben muß. Erst wenn er fruchtbaren Boden und geeignete Bedingungen findet, bricht er auf und beginnt sein Wachstum.

Auf die verborgene schöpferische Potenz des Ich blickend, verbietet es sich in der Pädagogik von selbst, das Ich des Kindes belehren zu wollen. Wir können ihm nur den fruchtbaren Boden bereiten und die Entwicklungsbedingungen schaffen, die es braucht, wenn es aus der geistigen Welt heruntersteigt, einen Leib ergreift, mit ihm ringt und sich in ihn hineinarbeitet, damit er zum Instrument werden kann für die eigenen Lebensziele. Für Eltern und Lehrer liegt darin eine große erzieherische Herausforderung, denn die Hindernisse, die sich vor dem Inkarnationsweg des Kindes auftürmen, werden in unserer Zeit immer höher. Eines der schlimmsten entsteht dort, wo die jungen Seelen auf der Erde nicht die geistige Atemluft finden, die sie als Ich-Wesen brauchen, um sich entwickeln zu können. Wenn die Erwachsenenwelt sich abschließt gegen alles, was aus der geistigen Welt hereindringen möchte, wie sollen sich da die mitgebrachten Zukunftsimpulse der Kinder entfalten können? Wie oft geschieht es, daß sie in eine Atmosphäre des krassesten Materialismus eintauchen müssen, in eine Welt, in der das Denken, Wünschen und Begehren vollständig dem sinnlichen Dasein verhaftet ist und den Kindern sogar die tief eingefleischte Überzeugung entgegenkommt, das Ich sei gar nicht ein eigenständiges, aus sich heraus entwicklungsfähiges Wesen, sondern ganz im Gegenteil triebgesteuert, genetisch programmiert, vom Milieu geprägt, kurz, ein Zufallsprodukt aus rein irdischen Faktoren! Wo der unvergängliche Wesenskern des Menschen solcherart geleugnet wird, da kann sich das Ich des Kindes nicht beheimaten, da kann der junge Mensch die verborgenen Keimkräfte seines Inneren nicht entdecken und muß an der Aufgabe, das Nadelöhr zu durchschreiten, verzweifeln.

Weil Kinder der geistigen Welt noch nahe sind, spüren sie genau, ob in den Menschen ihrer Umgebung etwas von der Realität des Übersinnlichen lebt oder nicht, und wenn sie wahrnehmen müssen, daß alles nur um Materielles kreist, dann entsteht allmählich ein Gefühl, das man in die Worte fassen kann: Was soll ich auf dieser Erde? Welchen Sinn hat mein Leben noch, wenn das, was ich an innersten Impulsen mitbringe, nirgends Aufnahme findet?

Immer mehr Jugendliche haben Grund, sich diese Frage ernstlich zu stellen. Man muß nur einmal die Berichte von Sozialarbeitern wahrnehmen, wie zahllose Kinder heute aufwachsen: Zuerst eine lieblose Kleinkinderziehung, die man zur Hauptsache den Medien überläßt; darauf eine Schulbildung, an deren Ende absolute Interesselosigkeit steht (vielfach schon als «Bildungskatastrophe» beschrieben). Die wird dann in die Lehre mitgenommen, die auch nicht besonders Freude macht; oder vielleicht bekommt man nicht einmal eine Lehrstelle – und danach haben wir den arbeitslosen Jugendlichen. Was soll ein solcher arbeitsloser Jugendlicher mit seinem Leben anfangen? Wenn er nicht drogensüchtig wird, flüchtet er in die Gruppe und in den Alkohol, d. h. in die Betäubung der inneren Not, in die Illusion, doch noch irgendwo Geborgenheit und Halt zu finden. Und was gibt der Gruppe außer Suff und Langeweile die ersehnte Gemeinsamkeit? Wir können es in der Presse lesen, wenn zum Beispiel berichtet wird:

«Am 1. Oktober fielen zehn Kahlköpfe, die sich ‹Chicago Bulls› nannten, am östlichen Stadtrand von Nowa Huta über drei Fernfahrer aus Eisenhüttenstadt her und schlugen sie mit Knüppeln zusammen. Die jungen Leute traten im Finstern auf die drei Trucker zu, die gerade aus einem Restaurant kamen, und fragten: ‹Du deutsch?› – ‹Ja›, sagte einer. ‹Dann sind wir ja richtig›, sagte einer der Skins und schlug zu. Sie prügelten so lange auf ihre drei Opfer ein, bis sie reglos am Boden lagen. Einer der Verletzten starb tags darauf im Krankenhaus. Er soll bis zum Schluß immer nur gestöhnt haben: ‹Warum, warum, warum›?

Ein Mittäter namens Jurek, Gymnasiast, 16, erklärte, er finde es unpatriotisch, daß die Jagd auf deutsche Schweine in Polen strafrechtlich verfolgt werde. Es müsse doch erlaubt sein, den Deutschen die Untaten an polnischen Reisenden in Deutschland heimzuzahlen. Der ebenfalls 16jährige Schüler, der nach dem gegenwärtigen Stand der Ermittlungen die tödlichen Schläge geführt hatte, sagte, er sei bereit, wieder das gleiche zu tun. Er und seine Kameraden hätten das dringende Bedürfnis, ihre ‹Messer in deutsches Blut zu tauchen›.»[7]

Man muß sich vorstellen, daß diejenigen Individualitäten, die jetzt heruntersteigen, die sich jetzt inkarnieren, selbstverständlich mit ihrer Zielsetzung nicht da ansetzen wollen, wo wir vor dreißig, vierzig, fünfzig Jahren angesetzt haben, sondern sie möchten dort ansetzen, wo die Zeit heute steht, und das heißt im Nadelöhr. Sie möchten miterleben, wie die Menschheit den Schritt vollzieht, der zu ganz neuen Horizonten führen soll. Die eigentlichen Erwartungen, die sie mitbringen, sind, diese Erde zeitgemäß vorzufinden. Aber sie werden von der ersten Stunde an zurückgestoßen in das Alte, Unzeitgemäße, und daher reagieren sie mit Gewalt, Brutalität und Grausamkeit wie auch mit Gleichgültigkeit und Desinteresse. Suizidforscher wissen zu berichten, daß manchen Jugendlichen das eigene Leben schon so wenig bedeutet, daß keine Todesgefahr sie abschrecken kann, ihren selbstzerstörerischen Neigungen nachzugehen.

Was spricht sich darin anderes aus als dumpfer, verzweifelter Protest der zurückgestoßenen Seelen, die das auf der Erde nicht finden können, was sie eigentlich suchen? Es ist keine Ideologie, kein bestimmtes Weltbild oder irgendein revolutionäres Ziel, das sie zur Gewalttätigkeit veranlaßt. Sie wollen ihrer verzweiflungsvollen Wut und Resignation Luft machen, schockieren um des Schocks willen, zerstören um der Zerstörung willen, ohne Programm und ohne Ziel.

Verbales Mitleid hilft hier nicht. Tätige Hilfe kann nur darin bestehen, daß wir schon in frühester Kindheit die geistige Atemluft schaffen, die junge Menschen für ihren Erdenweg benötigen. Wir schaffen sie, indem wir uns um eine Pädagogik bemühen, die bis in die einzelnen Handhabungen den spirituellen Kräften des Kindes fördernd entgegenkommt, anstatt sie ins Leere laufen zu lassen. Wir können uns dabei auf eine Fülle konkreter Hinweise Rudolf Steiners stützen, die in die Praxis der Waldorfschulen eingeflossen sind. Einer davon ist der folgende:

Rudolf Steiner hat 1920 darauf aufmerksam gemacht,[8] daß die Kinder heute mit ganz anderen Kräften auf die Erde kommen als in den vorangegangenen Jahrhunderten: Bisher brachten die Seelen bildlose Kräfte mit, Abstraktionskräfte, die in das intellektuelle Leben hineindrängten. «Und jetzt beginnt – und darinnen liegt vielfach der Grund für das Stürmische unserer Zeit –, jetzt beginnt die Zeit, in welcher die Seelen aus der geistigen Welt, indem sie durch die Empfängnis und durch die Geburt zum irdischen Leben heruntersteigen, sich Bilder mitbringen. (...) Was da tief drinnen sitzt in der Kinderseele, das sind die in der geistigen Welt empfangenen Imaginationen. Die wollen herauf. Und wenn der Lehrer oder der Erzieher sich richtig zum Kinde verhält, bringt er ihm Bilder entgegen. Und indem der Lehrer Bilder vor das kindliche Gemüt hinstellt, zucken herauf aus dem kindlichen Gemüte diejenigen Bilder, oder besser gesagt, die Kräfte der verbildlichenden Darstellung, die empfangen worden sind vor der Geburt (...).»

Darum hat Steiner den Lehrern in allen Fächern immer wieder dringlich ans Herz gelegt, eine Methode des bildhaften Unterrichtens zu entwickeln, damit das, was als Bedürfnis in den Seelen mitgebracht wird, im Wort des Lehrers seine Entsprechung finden kann. Er meinte nicht irgendwelche Bilder, die der Verstand sich ausgedacht hat, die konstruiert symbolistisch die Natur erklären oder auch verklären, sondern Bilder, die das Materielle der Welt wie zu einem durchsichtigen Schleier machen, durch den man hindurchschauen kann auf das, was an geistigen Realitäten dahintersteht. Solche Wahrbilder, die in ihrer sinnlichen Gestaltung über sich selbst hinausweisen auf eine übersinnliche Wirklichkeit, nennt man seit alters her «Imaginationen».

Was aber geschieht, wenn die jungen Seelen in dieser Hinsicht enttäuscht werden und keinen Imaginationen oder geistigen Wahrbildern im Unterricht begegnen? Das Kind hat in seiner Seele – so führte Rudolf Steiner aus – «Kräfte sitzen, welche es zersprengen, wenn sie nicht heraufgeholt werden in bildhafter Darstellung. Und was ist die Folge? Verloren gehen diese Kräfte nicht; sie breiten sich aus, sie gewinnen Dasein, sie treten doch in die Gedanken, in die Gefühle, in die Willensimpulse hinein. Und was entstehen daraus für Menschen? Rebellen, Revolutionäre, unzufriedene Menschen, Menschen, die nicht wissen, was sie wollen, weil sie etwas wollen, was man nicht wissen kann, weil sie etwas wollen, was mit keinem möglichen sozialen Organismus vereinbar ist (...). Wenn heute die Welt revoltiert, da ist es der Himmel, der revoltiert, das heißt der Himmel, der zurückgehalten wird in den Seelen der Menschen und der dann nicht in seiner eigenen Gestalt, sondern in seinem Gegenteile zum Vorschein kommt, der in Kampf und Blut zum Vorschein kommt statt in Imaginationen.»

Kampf und Blut statt Imaginationen. Mir will scheinen, hier liegt ein Schlüssel für unsere Gegenwart. Die Frage, die sich daran knüpft, lautet: Wie können wir solche Imaginationen erringen und gestalten? Es ist gar nicht notwendig und von Rudolf Steiner auch nicht so gemeint gewesen, daß jeder Lehrer und jeder Erwachsene in der geistigen Entwicklung schon so hohe Grade erreicht haben müsse, daß er originäre Imaginationen aus sich schöpfen könne. Wir dürfen sehr wohl auch die vorhandenen, aus alten Zeiten herübergekommenen Imaginationen benutzen. Wichtig ist aber, sich darüber im klaren zu sein, daß es nicht auf die Bilder allein ankommt, sondern mehr noch darauf, wie der Erwachsene selbst zu ihnen steht. Pädagogisch wirksam werden sie erst, wenn das Kind erleben kann, daß der Erwachsene aus dem Bemühen spricht, hinter dem Materiellen das Geistige auffinden zu wollen, die materielle äußere Welt durchscheinend zu machen für die höhere Wirklichkeit. Das wird gespürt und wirkt belebend auf die Seelen; dann fühlen sie: «Ja, jetzt bin ich da, wo ich hingehöre. Jetzt kommt mir das entgegen, wonach ich mich eigentlich sehne.»

Wahrbilder, die man als Lehrer immer bewußter und bewußter gestalten kann, sind etwas eminent Künstlerisches; sie haben nichts Dogmatisches an sich, lehren keine Anthroposophie, aber auch keine trockenen Abstraktionen, sondern lassen die Wirklichkeit selber sprechen in der freilassenden Form einer künstlerischen Gestaltung, an der auch der Lehrer jedesmal noch etwas Neues entdecken kann, weil sich ihm immer geheimnisvollere Zusammenhänge erschließen, so daß die Welt wirklich anfängt sich auszuweiten, ahnungshaft zunächst, und allmählich immer heller, klarer und lebendiger werdend. Würden wir solche Bilder ohne ein spirituelles Bemühen an die Kinder heranbringen, dann wäre das eine Lüge, eine Lüge vor dem Ich. Und deshalb ist Waldorfpädagogik eben nichts, was man in Rezepte fassen kann. Das Äußere ist gar nicht das Entscheidende, sondern ebendiese innere Bemühung, die Gesinnung, aus der heraus der Lehrer handelt. Sie ebnet dem Kind die Wege, daß es eines Tages die Samenhülle seines Ich sprengen kann und zu einem wahrhaft freien Menschen wird, der die Not der Zeit wendet.

Die Weltherrschaft der Phrase

In der vorangegangenen Betrachtung haben wir auf den Abgrund von Gewalt, von Brutalität und nationalistischem Wahn geblickt, der sich seit 1989 aufgetan hat und die meisten Zeitgenossen völlig überraschte. Nach der großen Wende in Osteuropa und überhaupt in einem aufgeklärten Zeitalter, das auf die Durchsetzung der Menschenrechte so großen Wert legte, hatte man einen solchen Rückfall in finsterste Barbarei nicht erwartet und stand nun tief beunruhigt vor der Tatsache, daß niemand ein wirksames Gegenmittel wußte, ja daß sich nicht einmal eine plausible Erklärung finden ließ, wie es zu diesem erschreckenden Einbruch kommen konnte. Angst und Ratlosigkeit waren die Folge.

So neu, wie es erschien, war das Problem indessen nicht. Gewaltanwendung und übersteigertes Nationalbewußtsein waren schon in der Politik des 19. Jahrhunderts bestimmende Faktoren, die Geschichte des Imperialismus ist ohne sie nicht zu denken. Auch der Balkan wurde in jener Zeit bereits von schweren Krisen geschüttelt, die kaum unter Kontrolle zu halten waren; mit Beginn des 20. Jahrhunderts wurden sie immer bedrohlicher, steigerten sich 1912/13 zu militärischen Auseinandersetzungen und mündeten schließlich 1914 nach den Schüssen von Sarajewo in die Katastrophe des Ersten Weltkriegs ein, der Europa mit einer bis dahin nicht gekannten Vernichtungsgewalt heimsuchte. Je mehr sich der Krieg zu einer sinnlosen Materialschlacht ausweitete, der Hunderttausende von Menschen zum Opfer fielen, desto unabweisbarer stellte sich schon damals jedem besonnenen Beobachter die Frage, woher eine so ungeheure physische und moralische Zerstörungsmacht, die alle menschlichen Maßstäbe hinter sich läßt, eigentlich rührt. Das war keine akademische Frage, sondern eine wirkliche Lebensfrage, an der sich das weitere Schicksal Europas und der Welt entscheiden mußte.

Wohl am intensivsten wurde die Frage seinerzeit von Rudolf Steiner verfolgt. Er wandte sich mit dringenden Appellen an die Öffentlichkeit und forderte immer wieder, wenn Europa vor weiteren Katastrophen solcher Art bewahrt bleiben solle, dann müsse man sich um eine durchgreifende Erkenntnis der wahren Ursachen bemühen, und diese Bemühung dürfe nicht beim sinnlichen Phänomen stehenbleiben, sondern müsse bis zu den okkulten Untergründen des Geschehens vordringen. Als Geistesforscher wußte er eine konkrete Antwort zu geben, wo die eigentlichen Ursachen für das schreckenerregende Hereinbrechen von Chaos und Zerstörung zu suchen seien. Aber seine Diagnose wurde nicht zur Kenntnis genommen oder nicht verstanden und geriet in Vergessenheit. Heute ist sie so gut wie unbekannt. Doch zeigt sich im Rückblick, daß seine damaligen Feststellungen in erstaunlicher Weise die weitere Entwicklung des 20. Jahrhunderts vorausgegriffen haben, und so scheint es an der Zeit, sie wieder in Erinnerung zu bringen. Wer sie kennenlernt, wird allerdings verstehen, warum sie bis heute keine Beachtung fanden. Steiner sah nämlich die Wurzel des Problems nicht dort, wo Historiker, Soziologen und Psychologen sie zu suchen pflegen, sondern in einem ganz anderen Bereich, in dem man sie damals wie heute wohl am wenigsten vermutet hätte: in dem gegenwärtigen Zustand der Sprache.

Zum Verständnis dieser überraschenden Aussage ist es wichtig, den historischen Kontext zu kennen, auf den sich Rudolf Steiner bezog, und da muß vor allem auf das Jahr 1917 geblickt werden. Dem Wendejahr 1989 im Jahrhundertgang wie spiegelbildlich gegenüberstehend, ist das Jahr 1917 von den Historikern schon seit langem als Epochenjahr und Knotenpunkt der neueren Geschichte bezeichnet worden, weil damals, ausgelöst durch die deutsche Kriegsführung, zwei neue Weltmächte auf den Plan gerufen wurden. Im Westen verlor Großbritannien seine Führungsrolle an die Vereinigten Staaten von Amerika, die jetzt entscheidend in den Krieg eingriffen, im Osten begann Lenin mit dem Aufbau der Sowjetunion. Die künftigen Supermächte des Jahrhunderts waren damit angelegt. Jedoch gab es hinter ihnen noch eine dritte Macht, die Weltherrschaft beanspruchte und auch errang: die Macht der Ideologie.

Sie machte sich sogleich geltend, als der US-Präsident Wilson einerseits und Rußlands neuer Machthaber Lenin andererseits 1917 der Welt ihre politischen Konzepte präsentierten: Nach einem so furchtbaren, die ganze Menschheit bedrohenden Krieg müsse die Sicherung des Weltfriedens zum obersten Grundsatz aller Politik erhoben werden, verkündeten beide übereinstimmend, und daher werde es diesmal mit den üblichen Friedensverträgen allein nicht getan sein, sondern man werde tiefer ansetzen müssen durch eine Reform aller gesellschaftlichen und politischen Strukturen. Über die Art der Reform allerdings gingen ihre Ansichten auseinander: Anknüpfend an die demokratischen Traditionen seines Landes setzte sich Wilson leidenschaftlich für die These ein, nur ein Land mit demokratischen

Herrschaftsformen werde friedliche Außenpolitik treiben, und folglich sei Friede nur zu schaffen durch die Partnerschaft liberal-demokratisch geführter Nationen. «Die Welt muß sicher gemacht werden für die Demokratie», lautete seine Parole, wobei er den USA durchaus eine Führungsrolle als «Vorkämpfer für die Rechte der Menschheit» und als «Hort der Demokratie» zudachte. Lenin hingegen vertrat die Auffassung, die dem kapitalistischen Wirtschaftssystem innewohnenden Widersprüche müßten sich zwangsläufig in imperialistischen Kriegen entladen, und daher könne ein wirklicher Friede nur durch den Sturz des Kapitalismus herbeigeführt werden im Zuge einer Weltrevolution, die zum Aufbau einer sozialistischen Staats- und Gesellschaftsordnung führe. Die Voraussetzungen dazu habe Rußland durch die Oktoberrevolution geschaffen, und nun gelte es, sie in den anderen Ländern fortzuführen. Folgerichtig gründete er 1919 die Kommunistische Internationale (Komintern), während Wilson auf die Gründung eines Völkerbundes als Organ der friedlichen Kooperation unter gleichberechtigten Nationen hinwirkte, der ebenfalls 1919 eingerichtet wurde.

Wilsons Konzeption wurde mit großem Beifall aufgenommen, aber auch Lenins Thesen fanden viele überzeugte Anhänger, so daß sich nun zwei Friedenskonzepte unversöhnlich gegenüberstanden. Für Rudolf Steiner jedoch war dieser ideologische Zwist nur Fassade, hinter der sich etwas ganz anderes verbarg: Er sah den Einzug einer gefährlichen Zerstörungsgewalt in die internationale Politik, einer Macht, die sich stützt auf die seit Jahrhunderten voranschreitende «Entleerung der zivilisierten Sprachen von ihren alten geistigen Inhalten». Was damit gemeint war, erläuterte er in einem öffentlichen Vortrag des Jahres 1920 folgendermaßen:

Alles Geistige, das die Sprachen noch in sich hatten, solange die Menschen sich in einer instinktiven Art mit der übersinnlichen Welt verbunden wußten, mußte verlorengehen, als der Siegeszug der Naturwissenschaft in der Neuzeit das Bewußtsein ganz auf die physisch-materielle Welt verengte. «Was wurden die zivilisierten Sprachen dadurch, daß sie ihren alten Instinktinhalt verloren haben und ihnen die Naturwissenschaft keinen neuen geben konnte? – Sie wurden dasjenige, was nun in der Gegenwart bis zu einem gewissen Höhepunkt gestiegen ist. Sie wurden dasjenige, was sich ausbildete zur Phrase (...). Man nennt dasjenige, was heute Weltherrschaft ausübt, wenn man heute von Phrase spricht. Und die vier bis fünf Schreckensjahre, die wir hinter uns haben, sie haben die Weltherrschaft der Phrase auf ihrem Höhepunkt gezeigt. Wir leben heute geradezu unter der Weltherrschaft der Phrase. (...)

Das ist das erste Glied in den nach der Zerstörung hin arbeitenden gegenwärtigen Organisationen: die Weltherrschaft der Phrase, die inhaltsleere Rede. Wenn der Mensch nicht in der Lage ist, geistige Substanz, die er unmittelbar aus seiner Verbindung mit der Geisteswelt schöpft, in die Worte hineinzulegen, müssen die Worte zur Phrase werden, müssen die Worte allmählich in den Menschen sich so eingewöhnen, daß der Mensch gewissermaßen nur sich forttragen läßt von den Mechanismen der Sprache. Und das sehen wir nur leider allzu deutlich in der neueren Zeit heraufkommen. (...) Das Leben in den Mechanismen der Sprache wird immer intensiver und intensiver, und es ist an seinem Höhepunkt angelangt in den letzten Jahren. Weil die Menschen, indem sie miteinander redeten über die zivilisierte Welt hin, redeten unmittelbar oder mittelbar durch den Druck eigentlich von nichts, und indem die Worte nur in ihrem Mechanismus sich abspielten, entwickelte sich dasjenige, was an chaotischen Kräften zur Zerstörung hintrieb.»[9]

Man kann sich leicht vorstellen, daß diese Darstellung den Zeitgenossen zunächst absurd erscheinen mußte: Was hat der Weltkrieg mit dem Zustand der Sprache zu tun? Und doch bestand Steiner darauf, daß die chaotischen, zerstörerischen Kräfte seiner Zeit ihre Wurzeln in der schleichenden Entleerung der Sprache hätten, oder besser: in der Tatsache, daß die Entleerung nicht bemerkt wird. Denn aus alter Gewohnheit nehmen die Menschen die *Worte* noch für die *Sache* und meinen, wenn sie bestimmte Begriffe wie Frieden, Freiheit, Demokratie, Selbstbestimmungsrecht hören oder sagen, daß sie damit schon einen realen Inhalt hätten. Die modernen Sprachen, besonders die des Westens, sind aber auf ihrem langen Entwicklungsweg so abstrakt geworden, daß der lebendige Seelenzusammenhang des Wortes mit der Wirklichkeit, die dem Worte einmal zugrunde lag, in der Regel längst verloren ist und man eigentlich nur noch mit leeren Hülsen operiert, ohne es zu merken.[10] Und weil es nicht bemerkt wird, kann von denen, die Macht ausüben, der Anschein erweckt werden, als stünden hinter ihren Worten Realitäten, und so werden wohlklingende Programme zur Behebung politischer oder sozialer Mißstände verbreitet, von denen jeder glaubt, sie müßten Ausfluß wirklichkeitsgesättigter Ideen sein, deren Ausführung sicherlich Gutes und Positives bringen werde, während sie sich in Wirklichkeit aus dem Scheininhalt der Sprache speisen.[11]

Die Wirkung solcher politisch-programmatischen Sprachhülsen, so behauptete Steiner, werde verheerend sein. Als wichtigsten Beleg dafür nannte er wiederholt das amerikanische 14-Punkte-Programm vom 8.1.1918, in welchem Wilson seine Vorschläge zur Beendigung des Krieges, zur Neuordnung Europas und zur Sicherung von Demokratie und Weltfrieden präzisiert hatte. Freilich konnte gerade dieser Beleg den damaligen

Hörern am wenigsten einleuchten: Wer das Programm las, dem erschien es wohldurchdacht, maßvoll und gerecht, da es nicht die Interessen der Sieger in den Vordergrund stellte, sondern dem Ideal des Selbstbestimmungsrechtes der Völker Geltung zu verschaffen versprach und einen vernünftigen Ausgleich der gegensätzlichen Interessen erstrebte. Selbst die Deutschen als Verlierer des Krieges priesen es als Dokument politischer Weitsicht und Vernunft. Was daran so zerstörerisch sein sollte, schien nicht ersichtlich. Rudolf Steiner jedoch sah in Wilsons Vorstellungen alles andere als einen Beitrag zur Befriedung der Welt, sondern den Keim für schwerste Auseinandersetzungen und Kriege, die in der Zukunft die ganze Menschheit beschäftigen würden. Das viele Gerede von Völkerfreiheit und Selbstbestimmung, so äußerte er kurz nach dem Bekanntwerden des 14-Punkte-Programms, sei «etwas, was heute so laut wie möglich geschrieen wird, aber so verlogen wie möglich ist, um das Wahre zu verdecken. (...) Was so laut geschrieen wird und die verschiedenen Völker zur Geltung bringen, das ist nur gesagt, um das andere zu verhüllen: Der Wille, zur Herrschaft zu kommen auf einem Gebiete, wo die Sprache durch ihren eigenen Entwickelungsgang ihre Herrschaft verliert. Das ist etwas, wovon auch die großen, einschneidenden, katastrophalen Ereignisse der Gegenwart Spezialdinge sind; das ist etwas, was einen großen, umfassenden Kampf inauguriert, der sich in den verschiedensten Formen in der nächsten Zeit über die Erdenmenschheit hin zum Ausdruck bringen muß.»[12]

Auch wenn es sich damals kaum jemand vorstellen konnte – Rudolf Steiner sollte mit seiner düsteren Prognose nur allzusehr recht behalten. Ein kurzer Abriß der nachfolgenden Ereignisse möge das verdeutlichen.

Nach dem Inkrafttreten des Waffenstillstandes begannen 1919 in Paris die Friedensverhandlungen, von denen allerdings Sowjetrußland und die besiegten Mittelmächte ausgeschlossen waren, so daß die Siegermächte unter sich blieben. Ziel ihrer Beratungen war nicht nur, Deutschlands Vormacht auf dem Kontinent zu brechen, sondern überdies Europa neu zu ordnen gemäß den Grundsätzen von Demokratie und Selbstbestimmungsrecht. Dazu gehörte neben der Wiederherstellung des Staates Polen mit eigenem Zugang zum Meer (Polnischer Korridor) vor allem die Zerlegung des Vielvölkerstaates Österreich-Ungarn und des Osmanischen Reiches. So wurde von Finnland bis hinab nach Kleinasien ein Gürtel neuer Nationalstaaten eingerichtet, die durch ihre demokratische Gesellschaftsordnung einen Sicherheitsgürtel («Cordon sanitaire») gegen den Bolschewismus im Osten bilden sollten. Es handelte sich um die Staaten Finnland, Estland, Lettland, Litauen, Polen, Tschechoslowakei, Österreich, Ungarn, Jugoslawien, Rumänien, Bulgarien und Türkei, die teils neu geschaffen, teils restituiert, teils in ihrem Umfang stark verändert wurden. Anders als in der europäischen Kabinettspolitik des 19. Jahrhunderts, die sich bei Gebietsveränderungen wenig um die Zugehörigkeit der Menschen zu einer bestimmten Sprache, Kultur, Religion kümmerte, sollte diesmal ganz das nationale Prinzip dominieren, das besagt: Das Territorium des Staates ist das Lebensgebiet einer Nation, die, in sicheren Grenzen lebend, sich selbst bestimmen darf.

Der Faszination dieser Grundsätze, die endlich Gerechtigkeit und dauerhaften Frieden verhießen, konnte sich damals kaum einer entziehen. Wie wenig sie aber mit der konkreten Realität zu tun hatten, wird jedem deutlich, der einen Blick auf die ethnographische Karte Europas von 1918 wirft: Nirgends waren die verschiedenen Völker, Sprachen und Kulturen so auffällig miteinander vermischt und ineinander verquirlt wie in dem Gebiet zwischen Ostsee und Ägäis, also gerade in dem Streifen Europas, der zur Neuordnung nach völkisch-nationalen Gesichtspunkten vorgesehen war. Ein Prinzip, das in England und Frankreich, Italien und Spanien seine Berechtigung hat, ausgerechnet in der ethnographischen Schütterzone Osteuropas anwenden zu wollen, konnte keine Probleme lösen, sondern nur neue hervorrufen. Die aus Österreich-Ungarn herausgelöste Tschechoslowakei zum Beispiel umfaßte in ihren Staatsgrenzen 46 Prozent Tschechen, 15 Prozent Slowaken, 28 Prozent Deutsche, 8 Prozent Magyaren, dazu noch kleinere Anteile von Juden, Polen, Ukrainern. Hier einem Volk das Selbstbestimmungsrecht zu gewähren hieß zugleich, es einem großen Teil der Bevölkerung zu nehmen. Welches Konfliktpotential sich dadurch aufbauen kann, haben wir bei dem Zerfall des 1919 gegründeten Staates Jugoslawien erlebt. Bosnien-Herzegowina umfaßte, als es am 15.10.1991 seine Unabhängigkeit proklamierte, 44 Prozent Moslems (die dort als eigene Volksgruppe gelten), 31 Prozent Serben, 18 Prozent Kroaten – Zündstoff genug für einen mörderischen Völkerkrieg, wie wir wissen.

Aber selbst dort, wo Selbstbestimmung in Teilbereichen durchaus sinnvoll hätte verwirklicht werden können, erwies sie sich nur allzubald als trügerischer Wortnebel, der mühsam die nackte Willkür der Sieger verschleierte: Den Sudetendeutschen verweigerte man den geforderten und sachlich gerechtfertigten Anschluß an das deutschsprachige Österreich; den Südtirolern erging es nicht anders. Der von Österreich gewünschte Anschluß an das Deutsche Reich wurde verhindert. Eine Million Deutsche im neuen Staat Polen wurden zwangsweise polnische Staatsbürger. Die zugunsten Deutschlands ausgefallene Volksabstimmung in Oberschlesien wurde ignoriert und das fragliche Gebiet Polen zugeschlagen. – Die besiegten Deutschen, denen der Versailler Vertrag ohne Beteiligung an den Verhandlungen ultimativ aufgezwungen wurde, mußten den Eindruck gewinnen, daß es zweierlei Recht gab: das der Sieger und das der Besiegten.

Kein Wunder, daß Hitler das glitzernde, hohle Wort aufnahm, es wie die Alliierten zur politischen Waffe schmiedete und nun gegen seine Urheber wendete, indem er ohne Rücksicht auf den Versailler Vertrag das Rheinland besetzte, den Anschluß Österreichs vollzog und die Abspaltung des Sudetengebietes erzwang. Widerstand fand er nicht, weil jeder dieser Schritte mit dem Selbstbestimmungsrecht der Deutschen gerechtfertigt werden konnte und die Engländer es deshalb für geraten hielten, Hitler nachzugeben, damit ein neuer Krieg vermieden würde (Appeasementpolitik). Daß sie gerade dadurch Hitler den Krieg ermöglichten, wurde ihnen erst nach dem Bruch des Münchener Abkommens von 1938 klar, als Hitler die Tschechei besetzte und den Slowaken zum Schein die staatliche Autonomie gewährte. Jetzt war es bereits zu spät, seiner Aufrüstung und seinen Kriegsplänen noch wirkungsvoll entgegenzutreten. Und wieder nahm Hitler das Selbstbestimmungsrecht der Deutschen in Anspruch, als er die Spaltung Ostdeutschlands durch den Polnischen Korridor zum Vorwand nahm, um gegen Polen in den Krieg zu ziehen. Dieser Krieg wurde zum Weltkrieg, dem zweiten in diesem Jahrhundert.

Dessen Grauen müssen hier nicht geschildert werden; sie beschäftigen die Öffentlichkeit bis heute. Wichtig ist aber zu bemerken, daß der Zweite Weltkrieg nicht den Abschluß der Zerstörungskette bildete, sondern im Gegenteil den Anlaß gab, eine noch viel gewaltigere Zerstörungskraft freizusetzen, die alles in den Schatten stellte, was die Menschheit bis dahin an Vernichtungsmöglichkeiten ersonnen hatte: Die Atombombe wurde entwickelt, zunächst zu dem Zweck, den Krieg zu beenden; denn die Kriegserfolge der verbündeten Deutschen, Italiener und Japaner waren bis 1942 so atemberaubend, daß es zwingend geboten schien, ihrem drohenden Griff nach der Weltherrschaft zuvorzukommen. Kaum aber waren die ersten Atombomben auf Hiroshima und Nagasaki gefallen, da zerbröckelte das Bündnis der USA und der Sowjetunion, und zwischen den beiden Supermächten begann ein jahrzehntelanger Wettlauf der Bedrohung mit immer mehr und immer schrecklicheren Waffen. Als schließlich das Schreckenspotential zu einem mehrfachen «Overkill» reichte, stand die Menschheit vor der realen Möglichkeit ihrer Selbstvernichtung. Zwar ist es zu einem Atomkrieg nicht gekommen. Aber die Zerstörungskraft der Atombomben hat dennoch Einzug gehalten: Durch den atomaren Fallout jener Jahre und alles, was ihm noch folgte, wurde die gesamte Erde mit Todeskräften durchsetzt.

Wer hätte 1918 sich vorzustellen gewagt, daß ein einziges Wort in der Politik so unendliche Destruktion bis hin zu apokalyptischen Gefahren heraufbeschwören könnte? Seine unheilvolle Wirkung setzt sich fort bis in die Gegenwart: Die nationalistischen Bestrebungen, die unter dem Dauerfrost des Kalten Krieges im Ostblock mit Gewalt zurückgehalten wurden, brechen seit 1989 von neuem hervor, und wieder beginnt der Wahn vom Selbstbestimmungsrecht des eigenen Volkes sein Zerstörungswerk im menschlichen Zusammenleben, ohne daß die Politiker einen gangbaren Weg wüßten, wie ihm Einhalt zu gebieten wäre. Und jetzt erst nimmt die Öffentlichkeit wahr, wie verheerend Wilsons Parole im 20. Jahrhundert gewirkt hat und immer noch wirkt,und die bange Frage wird laut, ob sie auch noch zum Fluch des 21. Jahrhunderts werden soll.[13]

Václav Havel und die Phrase des Sozialismus

Noch tiefer und nachhaltiger als in der nationalen Frage lebte sich die Weltherrschaft der Phrase auf dem sozialen Felde aus, wo sich durch die industrielle Revolution des 18. und 19. Jahrhunderts eine solche Fülle von Spannungen und Mißständen, Massenelend und schreiendem Unrecht angesammelt hatte, daß der Ruf nach grundlegenden Reformen, nach Umsturz und Gewalt immer lauter wurde. Zum Auftakt der großen europäischen Revolution 1848, an der in Paris erstmals auch die Arbeiterschaft maßgeblich beteiligt war, hatten Karl Marx und Friedrich Engels das «Manifest der Kommunistischen Partei» herausgebracht, das unter der Losung stand: «Proletarier aller Länder, vereinigt euch!» Es wurde zum meistgelesenen Buch des Jahrhunderts, aber die Lösung der *Sozialen Frage* (wie man sie unterkühlt nannte) blieb aus. Weder konnte sich das Bürgertum zu einer angemessenen Behandlung des brisanten Themas entschließen, noch konnte die unter den Fahnen des Kommunismus-Marxismus aufbegehrende Arbeiterschaft ihre weitreichenden Forderungen nach Änderung der Eigentumsverhältnisse und sozialen Umwälzungen durchsetzen. Erst mit der russischen Oktoberrevolution 1917 schien sich eine radikale Lösung anzubahnen, und kurz darauf – genau siebzig Jahre nach der Revolution von 1848 – wurde die soziale Frage auch in der Deutschen Revolution von 1918/19 das große Thema. Rudolf Steiner setzte damals seine gesamte Kraft dafür ein, die Neugestaltung der politischen, wirtschaftlichen und gesellschaftlichen Verhältnisse in Deutschland nicht aus leeren Worten heraus zu versuchen, sondern aus Ideen, die an der Wirklichkeit des menschlichen Wesens abzulesen sind. Aus sozialistischen Programmen, so betonte er immer wieder,[14] werde noch längst kein Sozialismus entstehen, solange die Hohlheit der Sprache nicht erkannt und überwunden sei. Sein Bemühen war vergeblich – die Revolution blieb stecken, die Weimarer Republik nahm ihren unseligen Gang, bis schließlich die *nationalen* Emotionen und die *soziale* Problematik sich zum Nationalsozialismus verbanden und aus der Mitte Europas heraus die Welt mit Krieg überzogen.

Eines der Ergebnisse des Zweiten Weltkrieges war die paradoxe Umkehrung des einstigen Cordon sanitaire: 1919 als Bollwerk des demokratischen Westens gegen den bolschewistischen Osten geschaffen, wurde er unter Stalins Herrschaft zum Bollwerk des Ostens gegen den kapitalistischen Westen.[15] So konnte sich, nachdem 1949 der Eiserne Vorhang niedergegangen war, der die Spaltung der Welt für vierzig Jahre besiegelte, auf demselben Gebiet Europas, das dreißig Jahre zuvor aus der Phrase des Nationalismus heraus seine Ordnung erhalten hatte, nun die Phrase des Sozialismus entfalten. Die östliche Spielart der Weltherrschaft der Phrase ging ihrem Höhepunkt entgegen.

Zur Beschreibung dieser Variante können wir auf die brillante Analyse des tschechischen Dichters und Staatspräsidenten Václav Havel zurückgreifen. Er charakterisierte, noch als heftig bekämpfter Dissident, 1978 in dem Essay *Versuch, in der Wahrheit zu leben*[16] das System der Machtausübung, wie es sich in Osteuropa herausgebildet hatte, als ein durch und durch sprachliches Phänomen, als eine Diktatur der Phrase, der sich die Menschen nur schwer entziehen können, weil sie auf subtile Weise jeden einzelnen auch ohne sein Wissen in das Netz einbindet, mit dem sie alle gesellschaftlichen Bereiche überzieht. Die Macht der Ideologie hat hier dank «ihrer Komplexität und Geschlossenheit den Charakter einer säkularisierten Religion erreicht» (S. 11) und sich damit zu einer Diktatur ganz neuen Typs fortentwickelt, die «auf eine grundsätzlich andere Art totalitär ist als die ‹klassischen› Diktaturen, mit denen wir üblicherweise den Begriff der Totalität verbinden» (S. 13). Havel nennt sie deshalb «posttotalitär», hält sich aber nicht lange mit Begriffsbestimmungen auf, sondern geht rasch über zu einer Art Phänomenologie der Phrase, deren Ansatz kurz referiert werden soll.

Ausgangspunkt ist die Beobachtung, daß im «real existierenden Sozialismus» die verwendeten Begriffe ihres ursprünglichen Inhaltes schon so vollständig beraubt sind, daß sie von den Machthabern ohne Mühe in ihr Gegenteil verkehrt werden können: «Das posttotalitäre System verfolgt mit seinen Ansprüchen den Menschen fast auf Schritt und Tritt. Es verfolgt ihn freilich in ideologischen Handschuhen. Deshalb ist das Leben in diesem System von einem Gewerbe der Heuchelei und Lüge durchsetzt: Die Macht der Bürokratie wird Macht des Volkes genannt; im Namen der Arbeiterklasse wird die Arbeiterklasse versklavt (...); Willkür nennt sich die Einhaltung der Rechtsordnung; die Unterdrückung der Kultur wird als ihre Entwicklung gepriesen; die Ausbreitung des imperialen Einflusses wird für Unterstützung der Unterdrückten ausgegeben; Unfreiheit des Wortes für die höchste Form der Freiheit; die Wahlposse für die höchste Form der Demokratie; Verbot des unabhängigen Denkens für die wissenschaftlichste Weltanschauung; Okkupation für brüderliche Hilfe. Die Macht muß fälschen, weil sie in eigenen Lügen gefangen ist. Sie fälscht die Vergangenheit, die Gegenwart und die Zukunft. Sie fälscht statistische Daten. Sie täuscht vor, daß sie keinen allmächtigen und zu allem fähigen Polizeiapparat hat, sie täuscht vor, daß sie die Menschenrechte respektiert, sie täuscht vor, daß sie niemanden verfolgt, sie täuscht vor, daß sie keine Angst hat, sie täuscht vor, daß sie nichts vortäuscht.

Der Mensch muß nicht an alle diese Mystifikationen glauben. Er muß sich aber so benehmen, als ob er an sie glaubt (...). Schon deshalb muß er aber *in Lüge leben.* Er muß die Lüge nicht akzeptieren. Es reicht, daß er das Leben mit ihr und in ihr akzeptiert. Schon damit nämlich bestätigt er das System, erfüllt es, macht es – *er ist das System*» (S. 17 f.).

Warum aber entziehen sich die Menschen nicht diesem Gespinst der Lüge und Heuchelei? Warum machen sie mit? – Havel deckt die Gründe dafür an einem alltäglichen, sehr anschaulichen Beispiel auf (S. 14 f.): Der Leiter eines Gemüseladens plaziert im Schaufenster zwischen Zwiebeln und Möhren das Spruchband «Proletarier aller Länder, vereinigt euch!» Tat er das aus Überzeugung, aus Begeisterung für das Ideal des kommunistischen Internationalismus? Wohl kaum. Der Inhalt des Spruchbandes ist ihm gleichgültig. Er bekam es mit dem Gemüse vom Betrieb geliefert und hängte es pflichtgetreu in das Schaufenster, «weil er das schon seit Jahren so tut, weil das alle tun, weil es so sein muß». Und warum muß es so sein? Weil man sonst Schwierigkeiten bekommt, weil man verdächtigt werden könnte, nicht mehr «im Einklang mit der Gesellschaft» zu stehen. Das Spruchband hängt also nicht seines Inhaltes wegen im Fenster; der interessiert niemanden. Seine Aufgabe ist nur, der Obrigkeit zu signalisieren: «Ich, der Gemüsehändler XY, bin hier und weiß, was ich zu tun habe; ich benehme mich so, wie man es von mir erwartet; auf mich ist Verlaß, und man kann mir nichts vorwerfen; ich bin gehorsam und habe deshalb das Recht auf ein ruhiges Leben.» Dies ist die eigentliche Botschaft, die übermittelt wird. Die Worte dienen als schützender Schleier, um nicht aufzufallen.

Aber sie haben auch noch eine andere Funktion, durch die der Gemüsehändler auf raffinierte Weise zum aktiven Unterstützer des Systems gemacht wird: Würde man ihm nämlich befehlen, statt des berühmten Marx-Zitates ins Schaufenster die Parole zu hängen «Ich habe Angst und bin deshalb bedingungslos gehorsam», so würde das zwar der Wahrheit entsprechen, doch könnte der Gemüsehändler damit nicht leben, denn er müßte das als eine Erniedrigung empfinden, die ihn in seiner menschlichen Würde beeinträchtigt. Daher ist es für die Gestaltung des Spruchbandes wichtig, daß der Text «auf irgendwelche höheren Ebenen der uneigennützigen Überzeugung hinweist», so daß dem Händler Gelegenheit gegeben wird, sich der Welt als ein Idealist zu präsentieren, der auch bei Zwiebeln und Möhren nicht die höheren Werte des Lebens vergißt und sich für ihre Verwirklichung einsetzt. Das Zitat ist also mit Bedacht gewählt: Es hilft dem Gemüsehändler, die in Wirklichkeit niedrigen Motive seines Verhaltens hinter der Fassade des Höheren zu verstecken.

«Dieses ‹Höhere› ist die Ideologie (...), die dem Menschen die Illusion bietet, er sei eine mit sich identische, würdige und sittliche Persönlichkeit, und es ihm somit möglich macht, dies alles nicht zu sein. (...) Es ist ein *Alibi*, das für alle verwendbar ist – von dem Gemüsehändler, der seine Furcht, seine Stellung zu verlieren, durch sein angebliches Interesse um die Vereinigung der Proletarier aller Länder maskiert, bis zum höchsten Funktionär, der sein Interesse, sich an der Macht zu halten, in

Worte von seinem Dienst an der Arbeiterklasse kleiden kann» (S. 15 f.).

So wird die ideologische Phrase zum Leim, der das gesamte System zusammenhält; sie erlaubt jedem Beteiligten, moralisch gut zu erscheinen, ohne es zu sein, und jeder ist darauf angewiesen, den Schein zu wahren, damit nicht das Sein zum Vorschein kommt. Dadurch aber entwickelt das System allmählich die Neigung, sich immer mehr von der Wirklichkeit zu entfernen. Denn es duldet keinen Widerspruch und folglich auch keine Opposition, und somit entfällt jegliches Korrektiv, das Anspruch und Wirklichkeit zur Deckung bringen könnte. Die Phrasendiktatur verwandelt sich «in eine Welt des ‹Scheins›, in ein bloßes Ritual, in eine formalisierte Sprache, die sich von dem semantischen Kontakt mit der Wirklichkeit löst und in ein System ritueller Zeichen verwandelt, die die Wirklichkeit durch eine Pseudowirklichkeit ersetzen» (S. 19 f.).

Eines der letzten grandiosen Beispiele für das Ritual der Phrasen konnte die Welt am 20. November 1989 erleben, als die Revolution und der Zusammenbruch der Macht in der DDR, in der ČSSR, in Ungarn und Polen schon längst im Gange war. An diesem Tage eröffnete der rumänische Diktator Ceaucescu den 14. Parteitag der Rumänischen Kommunistischen Partei unter dem Motto «Kongreß der großen Siege des Sozialismus in Rumänien». Seine Begrüßungsrede dauerte drei Stunden und enthielt nichts als Stereotype, seit Jahrzehnten abgedroschene Phrasen des marxistisch-leninistischen Klassenkampfes, wie man sie in sozialistischen Staaten seit jeher hören konnte. Ein Satz mag hier als Kostprobe genügen: «Rumänien hält am Prinzip des Marxismus-Leninismus fest und geht unbeirrbar den Weg in die goldene Zukunft des Kommunismus, zu den höchsten Gipfeln der Zivilisation.» Dem Pressebericht[17] zufolge wurde die Rede «immer wieder vom stürmischen Applaus der mehr als 3000 Delegierten unterbrochen», wobei es sich nicht nur um Rumänen handelte, sondern auch um 115 Delegationen aus 82 Ländern der Erde! Die Phrase des «real existierenden Sozialismus» feierte hier ihren letzten, gespenstischen Triumph, der sich rückblickend als Leichenrede des Diktators und seines gesamten Systems, ja des osteuropäischen Staatssozialismus überhaupt in die Annalen eingeschrieben hat.

Die positive Seite der Entleerung

Wenn Rudolf Steiner vor mehr als sieben Jahrzehnten von der «Weltherrschaft der Phrase» sprach, so war das, wie die bisherigen Betrachtungen gezeigt haben, alles andere als eine Phrase oder eine kulturpessimistische Redensart. Es war die korrekte Beschreibung einer Tatsache, die Europa im 20. Jahrhundert in katastrophale Zerstörungsprozesse geistiger wie materieller Art hineingetrieben hat, und es ist von großer Bedeutung für die heutige Menschheit, sich dieser unsichtbaren Macht bewußt zu werden, gerade jetzt, wo nach dem Zusammenbruch des östlichen Staatssozialismus die Illusion aufkommen könnte, wir im Westen seien von dem Problem nicht betroffen. Schon das Herrschaftssystem der Nationalsozialisten gründete sich, wie viele Untersuchungen eindrücklich belegen,[18] weitgehend auf den Mißbrauch der Sprache, die mit sachlich-trocken klingenden Beamtenworten den Anschein von Normalität zu erzeugen wußte, wo in Wirklichkeit die entsetzlichsten Verbrechen verübt wurden. Wie weit aber auch nach dem Kriege in Deutschland der schleichende Einfluß der Phrase bereits wieder gediehen ist, darauf haben zahlreiche Kritiker anläßlich des Orwell-Jahres 1984 mit scharfen Worten hingewiesen,[19] und 1988 hat Uwe Pörksen in seinem Buch *Plastikwörter. Die Sprache einer internationalen Diktatur* viele in Wissenschaft, Politik und Gesellschaft gängige Modewörter als durch und durch hohle, aber einflußreiche Worthülsen westlicher Ideologie entlarvt.[20] Welche subtilen Machtstrukturen sich darauf aufbauen lassen, ist vielleicht noch zu wenig untersucht worden, um das volle Ausmaß der Gefahr zu erkennen.

Gleichwohl werden wir dem Phänomen nicht gerecht, wenn wir es nur als Bedrohung der Menschheit betrachten. Es liegt noch etwas ganz anderes, überaus Positives darin. Den Ansatz dazu hat Havel 1978 bereits vorausgesehen. Ein «posttotalitäres System» nämlich, das seine Macht auf ideologischen Wortnebel gründet und seine Untertanen zu einem Leben in der Lüge zwingt, wird gerade durch seine konsequente Verwirklichung sich selbst allmählich den Boden entziehen, auf dem es steht, weil es in den betroffenen Menschen eine immer stärkere Gegenkraft wachruft, die letztlich zu einer dialektischen Umkehrung der Verhältnisse führen muß: Wer jahrzehntelang unter der Diktatur der Phrase gelebt hat, der glaubt den Regierenden, im buchstäblichen Sinne, kein Wort. Ein instinktives Mißtrauen gegen jegliche Äußerung ist ihm zur Lebenshaltung geworden, weil er aus Erfahrung weiß, daß Sprache ein Instrument der Täuschung, der Lüge und Heuchelei ist, und daher sucht er das Eigentliche nicht mehr in naiver Weise *in* den Worten, sondern *hinter* ihnen. Leiseste Veränderungen des gewohnten Formelrituals sagen ihm mehr als noch so beschwörende Reden, und am meisten entnimmt er aus dem, was in einer offiziellen Mitteilung nicht gesagt wird, was weggelassen ist.

So werden die Texte in einer Weise gelesen, die den Diktatoren nicht recht sein kann, die aber zeitgemäß ist: Wie der Autofahrer in der Stadt das Hinweisschild «Rathaus» nicht mit dem wirklichen Rathaus verwechselt, sondern es als ein Zeichen versteht, das von sich fort auf etwas anderes deutet, zu dem man sich erst noch hinbewegen muß, so wird auch das Wort nicht mehr für die Sache genommen, sondern als Orientierungspfeil, der dem Suchenden die Richtung weist, in die er sich wenden muß, um das Gesuchte zu finden. Sprache bietet dem wachsamen Leser keine Gewißheit mehr, sondern nur noch die Aufforderung, sich auf den Weg zu machen.

Bei der persönlichen Begegnung von Mensch zu Mensch jedoch richtet sich dieses Forschen nach der Wahrheit nicht so sehr auf die Informationen, die man heraushören möchte. Vielmehr wird der Versuch gemacht, aus den feineren, unausgesprochenen Nuancen und Schwingungen der Rede zu entnehmen, was als menschliche Substanz hinter den Worten des anderen steht: Spricht hier ein Mensch, der das, was er sagt, mit der Kraft seines individuellen Erlebens, mit der Geistesgegenwart seines Denkens, mit seinem ganzen persönlichen Wollen erfüllt und durchdringt, so daß seine Worte das offenbaren, was er als Mensch ist, oder handelt es sich um Wortfassaden, um wertlose, tausendfach abgegriffene Leerformeln, in denen man die Persönlichkeit vergeblich sucht? Ist das letztere der Fall, dann heißt es auf der Hut sein; denn in einem Staat, in dem fast jeder Mitbürger ein potentieller Denunziant sein kann, hängt die eigene Sicherheit, vielleicht sogar das Überleben, davon ab, ob es gelingt, die Glaubwürdigkeit des Sprechers richtig einzuschätzen, bevor man selbst seine wahren Gedanken offenbart.

Der Versuch, die Worte zu durchhören und dahinter die Gedanken des Sprechenden zu lesen, ja sogar seine menschliche Integrität zu ertasten, wurde im Osten Europas durch den

Druck des politischen Systems mehr oder weniger erzwungen. Sicherlich sind die Menschen über den Versuch oft nicht hinausgekommen; zu einer ausgereiften Fähigkeit wird er nur selten geführt haben. Nichtsdestoweniger trieb die gesamte Entwicklung dahin, aus der Not heraus eine solche Wahrnehmung allmählich auszubilden. Erstaunlicherweise hat sich aber auch im Westen, ohne solchen Druck, meiner Beobachtung nach eine bemerkenswerte Fähigkeit in dieser Richtung entwickelt, ganz besonders wahrnehmbar bei Jugendlichen. Ich habe darüber an anderer Stelle schon ausführlich berichtet[21] und will hier nur noch ein kleines Beispiel aus dem Umgang mit Schülern hinzufügen:

Als Lehrer hörte ich einmal unbeabsichtigt ein kleines Gespräch, das nicht für meine Ohren bestimmt war: Zwei Neuntkläßler unterhielten sich über den neuen Lehrer, den sie soeben im Unterricht kennengelernt hatten. Fast erschrocken mußte ich bemerken, wie sie mit wenigen Worten ein Bild von dem Kollegen zeichneten, das treffender nicht hätte sein können. Seine Eigentümlichkeiten, seine Stärken und Schwächen waren so präzise auf den Punkt gebracht, daß ich nur staunen konnte, wie es möglich war, daß sie nach der ersten Begegnung sein Naturell klarer erkannt hatten als ich nach langjähriger Bekanntschaft. Ihrem «Röntgenblick» entging offenbar nichts. (Für Lehrer keine angenehme Feststellung!)

Die Erfahrung zeigt, daß ein solches Vorkommnis heute kein Einzelfall mehr ist. Immer deutlicher tritt die unglaubliche Sicherheit hervor, mit der junge Menschen – freilich ohne sich dessen bewußt zu sein – den Schleier der hörbaren Sprache durchstoßen und in eine Sphäre vordringen, in der sich der andere nicht verstecken kann, wo die Wahrheit seines Wesens offenbar wird, gleichgültig, was er sagt.

Daß sich diese Fähigkeit auch bewußt ausbilden läßt und zu hohen Graden gesteigert werden kann, hat der erblindete Jacques Lusseyran eindrucksvoll vorgelebt. Er schulte sich während der deutschen Besetzung Frankreichs im Durchhören der Sprache bis zu einer solchen Sicherheit, daß ihm bei der Kandidatenauswahl für die Résistance wenige Worte eines Menschen genügten, um zu wissen, ob der Bewerber vertrauenswürdig war oder nicht, und es zeigte sich später, daß er sich bei keinem der rund 600 Aufgenommenen geirrt hatte! Nur einmal war er unsicher, was er von einem Kandidaten halten sollte, und dieser eine wurde dann zum Verräter.[22]

Es handelt sich also keineswegs um Vermutungen oder Einbildungen, zu denen das beschriebene Durchhören der Sprache führt, sondern um echte Wahrnehmungen, die genauso nüchtern und klar gemacht werden wie gewöhnliche Sinneswahrnehmungen. Damit aber sind wir Zeugen einer gewaltigen Umwälzung, deren historische Dimension wir nur ahnen können: Was zunächst wie ein Rückzug aus der Sprache anmutet, wie Zerfall und Dekadenz, erweist sich als Geburtsmoment einer neuen Fähigkeit, die ohne jedes Aufsehen die bisherigen Erkenntnisgrenzen überschreitet. Das seelische Wahrnehmen löst sich von dem, was an der Sprache physisch hörbar ist, blendet es aus und richtet sich auf das, was für die äußeren Ohren unhörbar durch die Sprache hindurchklingt an geistigen Tatsachen. Hier kann Sprache die Wahrheit nicht mehr verschleiern, und der Wahrnehmende begegnet dem inneren, geistig-seelischen Wesen des anderen unverhüllt. Seine wahren Gedanken, sein Charakter, seine Gesinnung und Moralität werden offenbar, ob er will oder nicht; Sprache als Medium der Täuschung und Lüge ist überwunden. Damit sind aber auch die Grenzen der Sinneswelt durchbrochen, reale übersinnliche Erfahrung beginnt.

In früheren Zeiten war Sprache noch geeignet, von Mensch zu Mensch eine unmittelbare Verbindung und Wesensbegegnung zu schaffen. Wie kommt aber heute die Verbindung zustande, so muß man sich fragen, wenn die Menschen sich jenseits der Sprache begegnen und die hörbaren Worte als solche gar nicht mehr die Brücke bilden? Mit welchem Organ «hören» wir eigentlich das Unhörbare hinter den Worten?

Der Schlüssel liegt in einem Phänomen, dem wir gewöhnlich keine besondere Beachtung schenken: im Verstummen. Die Wortlosigkeit dessen, der schweigt, empfinden wir nur als ein Ausbleiben der Sprache, als eine Leere, eine bloße Negation. Daß in ihr eine außerordentliche Kraft verborgen liegt, gehört zu den großen Entdeckungen unseres Jahrhunderts, die besonders von sensiblen Lyrikern gemacht wurde, und zwar immer dann, wenn sie vor einem existentiell erschütternden Erlebnis, vor grenzenloser Not oder tiefstem Schmerz standen und dadurch in einen furchtbaren Kampf mit der Sprache gerieten, weil sie für das Erlebte keine Worte mehr finden konnten, die vor ihrem Wahrheitsgefühl hätten bestehen können. Jede Wendung, jeder Ausdruck erwies sich als so abgegriffen, so tausendfach zerredet und gefärbt, mit Assoziationen belastet und mißbraucht, daß sie schließlich an der Sprache verzweifelten und lieber verstummten, als die wichtigsten und intimsten Wahrheiten Worten anzuvertrauen, die alles verfälschten.

Wer so verstummt, tut es nicht, weil er nichts zu sagen hat, sondern weil er Allerwichtigstes zu sagen hat. Sein Verstummen ist nicht das Ende innerer Aktivität, sondern ein Zurückstauen alles dessen, was in der Seele lebt, so daß es nicht in die Hörbarkeit gelangt, obwohl der Betroffene sich nichts sehnlicher wünscht, als durch das Wort seinem Herzen Luft zu machen. Wird aber auf solche Weise der Sprechwille im Inneren zurückgehalten, dann entsteht im Wesensgefüge des Menschen ein besonderer Zustand, der nie zuvor auftreten konnte, solange das Verhältnis zur Sprache ungebrochen war: Eine Kraft wird frei, die bisher das innerlich Erlebte oder Gedachte mühelos in die Hörbarkeit der Sprache überführte, indem sie alle Muskeln und Nerven des Leibes, die der Formung von Lauten dienen – vom Zwerchfell und der Atmung über Kehlkopf und Rachen bis hin zu Zunge, Lippen und Kiefermuskulatur –, blitzschnell ergriff, formte und lenkte, so daß ganz bestimmte Laute hörbar wurden, in denen das, was der Sprecher geistig in sich trug, physische Gestalt annahm. Wenn diese formgebende, lautgestaltende Kraft plötzlich von ihrer gewohnten Tätigkeit am physischen Leibe freigesetzt wird, dann kann sie sich, ihren eigenen Gesetzmäßigkeiten folgend, zu einer geistigen Fähigkeit umwandeln: Die Sprachbildekraft wird zu einer Wahrnehmungskraft. Oder anders formuliert: Indem der Sprecher die eigene Sprache auslöscht und sich selbst mit seiner Sprechintention aus ihr zurückzieht, kann die befreite Bildekraft des Wortes zum Organ eines neuen Hörens werden, das sich nicht mehr auf der physischen Ebene vollzieht. Der Brückenschlag von Mensch zu Mensch geschieht jetzt aus der Kraft des ungesprochenen Wortes, aus dem Schweigen.

In welchen Wirklichkeitsbereich aber führt uns dieses neue Hören? Statt eine theoretische Antwort zu geben, möchte ich die Dichterin Marie Luise Kaschnitz sprechen lassen, die das Verstummen des Dichters als eine schmerzliche Notwendigkeit erlebt hat und es 1965 in die Worte brachte: «Schluß! Dein Gedicht, Schlag es dir in den Hals, Bring dich zum Schweigen.» Leidvoller könnte die Aufforderung für eine Sprachkünstlerin nicht sein: Was sie so gerne in hörbare Worte bringen möchte, um die Welt an ihren tiefsten Gedanken und Gefühlen Anteil nehmen zu lassen, das alles soll nicht über die Lippen; ja, es soll mit Gewalt zurückgestoßen werden in die Ungesprochenheit, in die Unhörbarkeit. Das Schweigen, das dadurch entsteht, ist ein schwer zu ertragender Schmerz, den sich die Dichterin selbst auferlegt und dennoch für unabdingbar hält. Warum, erfahren wir erst, wenn wir das weitere Gedicht[23] lesen:

Schluß

Dein Gedicht
Schlag es dir in den Hals
Bring dich zum Schweigen

Wenn du redest geht dir nicht ein
Was die andern zu sagen haben

Das Ohneich
Das Ohnedu
Das Ohnewann
Das Ohnewo

Die Maschine
In der man es manchmal
Knirschen hört

Schluchzen nicht mehr.
Nur die Handvoll Mensch im Getriebe.

Schweig.

Wer sich in das Gedicht einlebt, versteht, warum die Dichterin schweigen muß: Wenn sie die Sprechkraft dazu benutzt, sich selbst mitzuteilen, kann sie nicht hören, was unzählige andere Menschen ihr zu sagen haben, die in ihrem Schmerz längst verstummt sind, die in so furchtbarem Elend stecken, so sehr schon der täglichen Fron der Maschine und dem Mahlwerk der Zwänge erlegen sind, daß sie nicht einmal mehr schluchzen können, von lauten Klagen gar nicht zu reden. Ihr stummer Schrei, ihr unsägliches, unaussprechliches Leid wird in der Stille laut, in einer Stille, die sie selbst erst herstellen muß, indem sie den eigenen Rededrang zum Schweigen bringt.

Das neue, geistige Hören entsteht also, so lehrt uns das Gedicht, nicht von selbst. Es bildet sich nur dort, wo Menschen bereit sind zu einem schmerzlichen Verzicht, dem Verzicht auf die Glückseligkeit, das eigene Innere der Welt präsentieren zu können, sich im Worte selbst zu verwirklichen. Selbstlosigkeit ist gefordert, Mitleidskraft und Hingabebereitschaft an das Leid der ganzen Menschheit. Dann wird die Kraft, die bisher das Ich für sich in Anspruch nahm, zu einer Schale, die nicht um ihrer selbst willen da ist, sondern sich dienend zur Verfügung stellt, damit das andere, Fremde in ihr Aufnahme findet. Das bewußte Verstummen des eigenen Wortes schafft Raum für das Wort, das die Welt zu uns spricht, für das Welten-Wort.

Damit rührt Marie Luise Kaschnitz an eines der wichtigsten Geheimnisse unserer Zeit, an einen Mysterienvorgang des 20. Jahrhunderts. Denn das *Wort der Welt*, es ist nicht poetische Metapher, keine philosophische Redensart. Es ist Realität und wirkt mit geradezu bestürzender Konkretheit in den Untergründen der Gegenwart, wie aus einer Mitteilung hervorgeht, die Rudolf Steiner 1913 aus seiner geistigen Forschung heraus gemacht hat:

«Wenn wir wahrnehmen können mit dieser Kraft, die sonst zum Sprechen verwendet wird, dann treten wir in die Sphäre ein, für die, ohne alles religiöse Vorurteil, das Johannes-Evangelium uns das richtige Verständnis gibt, indem es sagt: ‹Im Urbeginne war das Wort.› Dieses ‹Wort› vernimmt man, wenn man das eigene Wort, die eigene Leiblichkeit so abdämpfen kann, daß man die Kraft, die sonst durch den Kehlkopf spricht, vor dem Kehlkopf aufhalten kann und sie dadurch frei wird.

Was war also das Hindernis, das machte, daß die Menschen nicht von Anfang an das Weltenwort wahrgenommen haben? Das war, daß sie sprechen lernen mußten! Aber bei der Weiterentwickelung wird in der Tat aus der Sprache etwas sehr Merkwürdiges werden. Die Sprache hat sich im Laufe der Menschheitsentwickelung doch sehr verändert. Wenn man zu ursprünglichen Sprachstufen zurückgeht, da waren die Menschen noch unmittelbar verknüpft mit der Sprache. Sogar heute noch findet man auf dem Lande, daß der Mensch dort viel mehr in ihr lebt und webt, mit ihr verwachsen ist. Er fühlt noch, wenn er ein Wort ausspricht, daß darin etwas liegt wie eine Nachbildung dessen, was er um sich herum sieht. Je weiter die Menschheitsentwickelung vorschreitet, um so abstrakter wird das Wort, es wird nur zum Zeichen dessen, was es ausdrücken soll. Die Sprache wird immer unorganischer, immer arabeskenartiger, immer fremder dem Menschen. Woher kommt das? In diesem Fremdwerden der Sprache von der inneren Bedeutung der Worte werden bloßgelegt diejenigen Kräfte, die früher dazu verwendet wurden, die Sprache auszubilden. Das hängt wiederum damit zusammen, daß bald eine geistige Wahrnehmung kommen wird von dem Christus-Wesen, eben weil der Mensch die sprachbildende Kraft frei bekommt. In älteren Zeiten war die Sprache eng verwachsen mit dem menschlichen Organismus, jetzt beginnt sie sich von diesem zu emanzipieren. Dadurch wird die sprachbildende Kraft frei und wird verwendet werden für das Wahrnehmen des Weltenwortes, des geistigen Christus. (...) Zu dem Christusimpuls dringen wir, indem wir Angehörige des ganzen Menschengeschlechts sind. In demselben Maße, in dem die Sprache immer abstrakter wird und die Sprachkraft sich emanzipiert von dem Organismus in der menschlichen Natur, bereitet sich der Mensch vor, den geistigen Christus wirklich wahrzunehmen.»[24]

1989 – die Revolution des Wortes

Erst wenn man diesen verborgenen Hintergrund der gegenwärtigen Weltgeschichte ins Bewußtsein nimmt, kann man eine Ahnung oder Vermutung haben, woher die Revolution 1989 in ihren wichtigsten Stunden eine so erstaunlich hohe moralische Qualität hatte. Denn es war eine Revolution des Wortes – im doppelten Sinne: Sie wurde mit Worten gemacht statt mit Waffen, mit Schweigen statt mit Geschrei, und sie brachte die Diktatur des Wortes zu Fall; das Lügengebäude der sozialistischen Phrase brach wie ein Kartenhaus zusammen. Fast unbegreiflich schien es uns allen, wie das so völlig ohne Gewalt geschehen konnte (mit Ausnahme von Rumänien). Und mußte es nicht Staunen erregen, daß selbst bei riesigen Massenansammlungen, den größten der bisherigen Geschichte (am 4. November beispielsweise versammelten sich in Ostberlin rund 1 Million Menschen!), nichts von den gewohnten Masseninstinkten sich regte, sondern äußerste Disziplin und

Friedfertigkeit gewahrt wurde? Machtvolle Demonstrationen geschahen nicht selten in tiefstem Schweigen, unzählige Kerzen brannten, und bei aller dramatischen Spannung, bei allem Bangen vor der Reaktion der Machthaber herrschte doch eine fast heitere Gelassenheit, so daß die Tschechen von der «Zärtlichen Revolution» sprachen und Golo Mann die Vorgänge in der DDR die «freudigste Revolution der Geschichte» nannte.

In solchen Stunden traten die Menschen – viele persönliche Berichte bezeugten das – in eine Sphäre ein, in der sich jeder über sich selbst hinausgehoben fühlen konnte, innerlich völlig frei und mit sich selbst in Übereinstimmung, zugleich aber mit den anderen zu einer Gemeinschaft verbunden, einer Gemeinschaft, die sich nicht aus den dumpfen Kräften des Nationalismus, der Absonderung in Rassen und Sprachen zusammenfand, nicht aus der Blutszusammengehörigkeit, sondern die sich als eine Gemeinschaft im Geiste fand, in dem Einstehen für Freiheit und Würde des Menschen, in der Gemeinsamkeit der Gesinnung. Hier wehte ein wahrhaft menschheitlicher, kosmopolitischer Geist; etwas wie ein Wetterleuchten des künftigen Zugehens des Einzel-Ich auf das Menschheits-Ich, des brüderlichen Sich-Findens im Höheren ging für kurze Zeit durch Europa. Das zeigt sich in vielen kleinen Begebenheiten, wie zum Beispiel der, daß ehemalige politische Häftlinge ausgerechnet des berüchtigten Stasi-Zuchthauses in Bautzen kurz vor Weihnachten 1989 in einem offenen Brief «gegen Haß und Rachegedanken» aufriefen und forderten, auch Stasi-Mitarbeiter «in die Betriebe aufzunehmen und ihnen so die Chance für einen Neubeginn zu geben»,[25] oder der, daß in Prag zeitweilig Spruchbänder getragen wurden, auf denen allen Ernstes verkündet wurde: «Wahrheit und Liebe werden siegen!» Wahrheit und Liebe als treibende Kräfte in der Politik? Man traute seinen Augen nicht.

Freilich war es wirklich nur ein Wetterleuchten am Horizont; mehr wird man bei nüchterner Betrachtung darin wohl nicht sehen dürfen. Und kaum war es aufgeblitzt, bäumten sich die alten Mächte des Hasses und der Gewalt, der Zersplitterung und des nationalen Wahns dagegen auf und wüten seither mit so gesteigerter Gewalt, daß die Erinnerung an die ganz andere Stimmung des Herbstes 1989 fast schon unwirklich anmutet.

Dennoch ist damals etwas Wesentliches geschehen, das nicht in Vergessenheit geraten sollte. Die Weltherrschaft der Phrase stieß an ihre Grenzen, und es zeigte sich, welche Macht sie zu stürzen vermag: dieselbe, die sie auferbaut hat – nämlich das Wort. Aus dem Wort der Lüge bezogen die Herrscher im Staatssozialismus ihre Macht, und deshalb war der schlimmste Feind für sie – die Wahrheit! Václav Havel, von dem der Satz «Wahrheit und Liebe werden siegen!» stammte, wußte, welch eine unerhörte Macht im Wort liegen kann, wenn es das Wort der Wahrheit ist. In dem Essay *Versuch, in der Wahrheit zu leben* hatte er schon 1978 den Sturz des Systems durch das Wort der Wahrheit vorausgesagt, und als ihm am 15. Oktober 1989 – noch mehrere Wochen vor der Revolution in seinem Lande, die ihn vom verfolgten Dissidenten zum Staatspräsidenten aufsteigen ließ – in Frankfurt der Friedenspreis des Deutschen Buchhandels überreicht werden sollte, da schickte er, weil er keine Ausreiseerlaubnis bekam, der Festgesellschaft das Manuskript seiner Dankesrede[26] mit dem Titel «Slovo o slovu – Ein Wort über das Wort», um von seinen Erfahrungen mit dem Wort in totalitären Staaten zu berichten und die Menschen des Westens ihrerseits zu höchster Wachsamkeit aufzurufen. Denn das Wort, so lautete seine Botschaft, kann unser Verderben sein, wenn wir seine «hypnotisierende, trügerische, fanatisierende, rasende, betrügende, gefährliche, todbringende» Kraft nicht erkennen. Es kann aber auch unsere schärfste Waffe sein gegen Diktatur und Unterdrückung, wenn es aus der Wahrheit kommt. «Ja, ich lebe wirklich in einem System, wo das Wort alle Machtapparate erschüttern kann, wo das Wort stärker sein kann als zehn Divisionen, wo das wahrhaftige Wort Solschenizyns als etwas so Gefährliches empfunden wurde, daß es notwendig war, seinen Autor mit Gewalt in ein Flugzeug zu setzen und auszufliegen. Ja, ich lebe dort, wo das Wort Solidarität imstande war, einen ganzen Machtblock zu erschüttern.»

Wo also der einzelne, allen Gefahren und Bedrohungen zum Trotz, sich mit seiner ganzen Existenz für die Wahrheit einsetzt, da wird die Leere des Wortes gefüllt mit menschlichichhafter Substanz, und dann können «einige Worte mehr wiegen als ein ganzer Zug voll Dynamit». Wo die Sprache aber hohle Phrase bleibt und die Benutzer nicht genügend mißtrauisch sich bemühen, jedes Wort auf seinen Gehalt abzuklopfen, da gewinnen andere die Macht des Wortes für sich und ihre Herrschgelüste, da beginnt, wie Havel es nennt, «die schwarze Magie des Wortes».

Die Macht des Wortes ist dem Menschen übergeben, so schließt Havel seine Überlegungen, und es liegt an ihm, sie dem Bösen zu entreißen und zum Guten zu wenden. Sprache in ihrem heutigen Zustand ist daher «ein Hinterhalt, eine Prüfung, eine List und ein Test, größer vielleicht, als es Ihnen scheinen mag, die Sie unter den Bedingungen einer großen Freiheit des Wortes leben, also in Verhältnissen, in denen es scheinbar so sehr auf die Worte nicht ankommt. Es kommt auf sie an. Es kommt überall auf sie an.» So ruft Havel seine Hörer auf, die «Verantwortung für das Wort und gegenüber dem Wort» nicht nur als eine linguistische Aufgabe zu begreifen, sondern als eine «wesenhaft sittliche Aufgabe». – Und dann folgt zum Schluß noch ein Satz, der uns aufhorchen lassen sollte. Von der wesenhaft sittlichen Aufgabe heißt es da:

«Als eine solche ist sie allerdings nicht vor dem Horizont der von uns zu überblickenden Welt verankert, sondern erst irgendwo dort, wo jenes Wort sich aufhält, das am Anfang war und das nicht das Wort des Menschen ist.» Hier schließt Havel den Bogen zum Anfang der Rede, wo er den Eingang des Johannes-Evangeliums, «Am Anfang war das Wort», zitiert hatte und von der göttlichen Schöpfermacht des Wortes als einem Wunder und Geheimnis sprach, dem die ganze Welt ihr Dasein verdankt und das den Menschen erst zum Menschen macht. Die Verantwortung für diese einstige Schöpfermacht ist an den Menschen übergegangen, doch kann er sie im vollen Sinne nur wahrnehmen, wenn er das Wort wieder anknüpft an die Sphäre seines Ursprungs. So schlägt Havel die Brücke vom Menschenwort zum Weltenwort, vom Einzel-Ich zum Welten-Ich des Christus.

Neues Hören – neues Sprechen

Man würde Havels Anliegen verkennen, wollte man seinen dreimaligen Hinweis auf das Weltenwort als poetische Verzierung abtun oder als idealistische Schwärmerei ansehen, die in der Praxis nichts zu bedeuten habe. Sein Aufblick zu dem, was die ganze Menschheit zusammenführt, ist von größter praktischer Bedeutung, sogar in politischer Hinsicht. Denn eine Zeit, in der die Verschiedenheit von Sprache und Rasse an vielen Plätzen der Welt schon genügend Anlaß bietet, daß ehemals friedlich zusammenlebende Volksgruppen plötzlich einander als Todfeinde betrachten und sich bis aufs Messer bekämpfen, eine solche Zeit braucht nichts notwendiger als den Aufstieg zu einer Sphäre, in der über allem Trennenden, über Nationalismen und ethnischen Vorurteilen, die Menschen sich als Menschen begegnen können. Herbeireden läßt sich dieser Aufstieg nicht, mag man ihn auch noch so sehr beschwören. Zu erreichen ist er nur dadurch, daß die Menschen ihr Verhältnis zur Sprache wandeln.

Das aber beginnt bei jedem einzelnen von uns. Wie oft entsteht Zwietracht im Umgang miteinander allein schon aus der Tatsache, daß wir dem anderen gar nicht wirklich zuhören oder nur das heraushören, was wir hören wollen! Aber selbst da, wo mit einiger Sympathie zugehört wird, kann es zu sozialem Zündstoff kommen, wenn die Hörer nur auf das achten, was einer dem äußeren Wortlaut nach gesagt hat, und ihn dann auf seine Formulierung festnageln, so, als seien Gedanke und Wort identisch. Sie sind es nicht oder nur selten, und so muß es zu chronischen Mißverständnissen und unfruchtbarem Aneinandervorbeireden der Partner kommen, wenn nicht ernstlich der Versuch gemacht wird, sich von der hörbaren Sprache zu lösen und hinter die Worte zu hören, um das wahrzunehmen, was der Betreffende eigentlich hatte sagen wollen. Vielleicht war das Eigentliche in seinen Worten gar nicht enthalten oder klang ganz anders, als es gemeint war. Ziel müßte es sein, die Formulierungen völlig auszublenden und statt dessen unmittelbar in den Bewußtseinsinhalt des Gegenübers einzutauchen, nicht dort, wo der Gedanke oder die Empfindung schon ins Wort geronnen sind, sondern dort, wo noch um sie gerungen wird, wo sie noch lebendiger innerer Prozeß sind vor der Festlegung in Worte. Denn nur dort teilt sich dem Lauschenden mit, was in dem anderen in Wahrheit lebt, was ihn bewegt und zur Äußerung drängt.

Das Hinterhören der Sprache ist in den heutigen Menschen längst veranlagt. Nur muß es bewußt gebraucht und ausgebildet werden, um zu einer wirksamen Kraft im Zusammenleben der Menschen zu werden. Gelingt es so intuitiv gekonnt wie in den oben angeführten Beispielen, dann kommt es nicht nur zu einer informellen Verständigung, sondern zu einer wirklichen Begegnung, die sich entweder so darstellt, daß der andere sozusagen nackt dasteht in seiner moralischen Fragwürdigkeit, die er nicht mehr verbergen kann, oder so, daß wir hinter dem unscheinbaren Äußeren eines Menschen vielleicht ganz besondere Qualitäten entdecken, liebenswerte Besonderheiten oder sogar verborgene Fähigkeiten, die uns größte Hochachtung abnötigen. Daraus bildet sich eine Wertschätzung, die menschliche Nähe, Wärme und Vertrauen schafft – beste Voraussetzungen für Frieden und Verständigung unter den Menschen, ohne daß man darüber reden muß.

Auf der anderen Seite brauchen wir aber auch eine neue Kultur des Sprechens. Der Versuch, alles Phrasenhafte, Leere, menschlich Undurchdrungene aus der eigenen Sprache zu verbannen, ist schwerer, als man glaubt, und doch kann nur so Wahrheit in unsere Worte kommen. Das von Havel anempfohlene Mißtrauen gegen die Wortfassaden muß auch gegenüber den eigenen Worten gelten, wenn sie mit innerem Leben und persönlicher Substanz erfüllt sein sollen. Eine wichtige Hilfe dazu bietet die von Rudolf Steiner vorgeschlagene Übung, sich immer wieder einmal bewußtzumachen, welches sinnlich-konkrete Bild einem Wort oder einem Wortteil zugrunde liegt.[27] Daß «hartnäckig» den steifgehaltenen Nacken meint, «vorhanden» die Sache, die vor meinen Händen liegt, «entzücken» den Vorgang des heftigen Herausreißens, der auch beim Zücken des Schwertes geschieht, das sind Nuancen, die wir bei der Abstraktheit unseres heutigen Sprechens gewöhnlich gar nicht mehr bemerken. Es bedarf eines kleinen Bewußtseinsruckes, den wir uns willentlich geben müssen, um in das frische, anschauungsgesättigte Wortbild wieder hineinzukommen. Dabei ist nicht gemeint, daß wir dieses Bild jedesmal beim Aussprechen des Wortes wieder vor uns haben sollten. Es genügt, wenn wir gelegentlich bei der einen oder anderen sprachlichen Wendung uns den ursprünglichen Bildgehalt einmal erlebend vor die Seele rücken und uns an seiner Farbigkeit erfreuen. Nennenswerter Zeitaufwand ist dazu gar nicht nötig, sondern nur eine latente Bereitschaft und Aufmerksamkeit.

Wird sie gepflegt, dann ändert sich unser Umgang mit der Sprache entscheidend: Wir kommen heraus aus der phrasenhaften Leere und Abstraktheit des Sprechens, die das Wort degradiert zum akustischen Vehikel begrifflicher Informationsübermittlung. Wir verbinden uns mit den Worten und Wendungen als fühlende, empfindende Menschen, indem wir etwas von der objektiven Geistigkeit erspüren, die in der Sprache verborgen liegt, und ebendas gibt unseren Worten eine neue Lebendigkeit und Herzhaftigkeit, die beim Hörer bewirkt, daß er sich nicht nur intellektuell angesprochen fühlt, sondern auch in den tieferen Schichten seines Wesens. Man muß es den Worten äußerlich gar nicht anhören, daß sie vom Sprecher einen seelischen «Unterton» (so nennt ihn Rudolf Steiner) mitbekommen haben; sie können genauso nüchtern-abstrakt klingen wie vorher, und doch haben sie jetzt ganz im Stillen die Fähigkeit gewonnen, Brücken zu schlagen von Mensch zu Mensch.

Eine so schlichte, unauffällige Übung leistet einen größeren

Beitrag zur Förderung der Humanität und Toleranz als jedes noch so gut gemeinte Sozialprogramm. Steiner hat darauf in aller Bescheidenheit hingewiesen: «Je abstrakter das unmittelbare Spracherleben wird, desto mehr werden die Seelen der Menschen voneinander geschieden. Was abstrakt ist, hat der einzelne Mensch für sich. Er bildet es für sich aus. (...) Nun aber leben wir in einem Zeitalter, in dem gegenüber allem Trennenden zwischen Menschen und Völkern das Verbindende bewußt gepflegt werden muß. Denn auch zwischen Menschen, die verschiedene Sprachen sprechen, wird das Trennende hinweggeräumt, wenn ein jeglicher in seiner Sprache das Anschauliche erlebt. Es sollte ein wichtiges Element der sozialen Pädagogik werden, den Sprachgeist in den Sprachen wieder zu erwecken. (...) Es gehört zu den notwendigsten Aufgaben der Gegenwart, daß gegenüber dem Zug nach der Sonderung der Völker nach Sprachen ein solcher nach gegenseitigem Verstehen geschaffen werde. Man redet heute viel von Humanismus in dem Sinne, daß das Wahrhaft-Menschliche im Menschen gepflegt werden solle. Man wird ein solches Streben erst völlig wahr machen, wenn man mit ihm auf den einzelnen konkreten Gebieten des Lebens Ernst macht.»[28]

Einheitswahn und Menschheitsspaltung. Das Wirken der Widersachermächte in der Sprache

Wer auf geistige Hintergründe des Zeitgeschehens blickt, dem stellt sich die Gegenwart als eine Schwellensituation besonderer Art dar, als ein Nadelöhr, dessen Durchschreiten mit ungeheuren Turbulenzen und Erschütterungen, Krieg und Chaos verbunden ist, weil der Durchgang nicht geschehen kann, ohne daß sich alles Alte und Gewohnte, bisher Tragende verwandelt, ja der Mensch selbst ein anderer wird. Was sich nicht verwandelt, bleibt als hemmende, negative Kraft zurück und treibt in die Zerstörung. Daher zeigt uns die Gegenwart ein doppeltes Gesicht. Auf der einen Seite sehen wir deprimierenden Verfall und Niedergang, auf der anderen das Aufbrechen völlig neuer Horizonte: Nach jahrhundertelanger Fokussierung des Bewußtseins auf die physisch-materielle Welt, die so gründlich wie nie zuvor erforscht und beherrschbar gemacht wurde, eröffnet sich der Menschheit jetzt die Möglichkeit, die für unüberwindbar gehaltenen Grenzen der Sinneserfahrung zu durchstoßen und den Weg zu betreten, der in viel tiefere, umfassendere Wirklichkeitsbereiche führt, nämlich in den Kosmos geistiger Wesenheiten und Mächte, die hinter dem Sinnesschein verborgen tätig sind. Von ihnen haben frühere Kulturen stets gewußt, die moderne Zeit aber so gut wie nichts mehr; nur alte Überlieferungen, Mythen und Märchen erinnerten noch an sie. Inzwischen jedoch wächst die Zahl der Menschen, denen die Existenz der übersinnlichen Welt durch eigene Erfahrung zur Gewißheit geworden ist und die sich danach sehnen, dort die Lebenskräfte und Inspirationsquellen zu finden, mit denen die Not der Zeit überwunden werden kann. Das völlige Abgeschnittensein vom Übersinnlichen geht zu Ende, die Menschheit steht an der Schwelle zur höheren Welt. Eben darin liegt aber auch die Dramatik unserer Zeit, wie in den folgenden Abschnitten gezeigt werden soll.

Schwellenerfahrung einst und heute

An die Schwelle der geistigen Welt zu gelangen ist keine ganz neue Erfahrung; alle Eingeweihten vergangener Zeit kannten sie, alle Schüler von Mysterienstätten lebten auf sie zu. Jedoch waren es im Altertum nur sehr wenige Menschen, welchen sie zuteil werden konnte, und auch denen nur, wenn sie sich einer harten, streng geregelten Schulung unterzogen, die ihnen größte Geduld und Ausdauer, Selbstdisziplin und Charakterfestigkeit abverlangte. Härteste Prüfungen wurden vor das Erreichen der Schwelle gestellt, und das aus gutem Grund: Die Leiter der Mysterienstätten wußten, daß der Eintritt in die höheren Welten (die sogenannte Initiation) nicht als freudiges Ereignis oder gar als Genuß zu erleben ist; vielmehr warteten auf den Neophyten abgrundtiefe Erschütterungen der Seele, kaum zu ertragende, todesähnliche Vernichtungserlebnisse des eigenen Selbst. Nur wer durch gründliche, jahrelange Vorbereitung die fast übermenschliche Kraft erworben hatte, all das Furchtbare auszuhalten, ohne davon seelisch zerstört zu werden und ernsten Schaden zu nehmen, durfte den Schrecken der Schwelle entgegengehen. Er erlebte wachbewußt eine Art

Grablegung seines gewöhnlichen irdischen Ich, um sich dann als höheres Ich in der geistigen Welt wie neu geboren wiederzufinden.

Was als Grauen und Schrecken der Schwelle damals von vorbereiteten Seelen im eigenen Inneren durchlebt werden mußte und den übrigen Menschen zu deren eigenem Schutz vorenthalten wurde, so daß nichts davon in die Kulturwelt drang, das tritt heute unverhüllt zutage, verwandelt sich zu äußeren Ereignissen, die das Weltgeschehen bestimmen und von jedermann miterlebt werden können – vorausgesetzt, er findet die Kraft, ihren Anblick überhaupt zu ertragen. Das Furchtbare wird der ganzen Menschheit offenbar, weil eben die ganze Menschheit sich anschickt, die Schwelle zur geistigen Welt zu überschreiten.

Allerdings ist das den Menschen zumeist nicht bewußt, und es wird für den Fortgang der Geschichte viel davon abhängen, ob es gelingt, den Übergang mit vollem Bewußtsein zu vollziehen. Denn im Gegensatz zu früheren Zeiten begegnet der Mensch heute an der Schwelle nicht nur den Kräften des Todes, sondern auch und ganz besonders den gewaltig hervortretenden Mächten des Bösen, der Lüge und der Zerstörung, und diese Mächte haben um so mehr Gewalt über ihn, je weniger er von ihnen weiß. Noch heute, wo das Wirken des Bösen unübersehbar geworden ist, wird es von vielen als Ausgeburt der Phantasie abgetan, als lächerlicher Aberglaube zurückgewiesen. Dem forschenden Blick des Eingeweihten indessen enthüllen sich diese Mächte als reale geistige Wesenheiten hohen Ranges, die mit dem heutigen Menschen – ob er es weiß oder nicht – aufs engste verbunden sind.

Aber auch den guten Mächten, von denen wir aus der Tradition wissen, den Engeln, Erzengeln und noch höheren Wesenheiten, begegnet derjenige, der die Schwelle überschreitet, als Wirklichkeiten auf dem höheren Plan. So sieht sich der Mensch heute immer mehr im Spannungsfeld von Engel und Dämon, von Gut und Böse, und zwischen ihnen stehend hat er durch seine Taten über das weitere Weltgeschehen zu entscheiden.

Die zweifache Gestalt des Bösen

Wie das Böse wirkt, können wir an Goethes Faustdichtung studieren, die das Ringen des modernen Menschen zwischen Gottheit und Teufel zum Thema hat. Dabei erfahren wir, daß wir das gewohnte, naive Bild von «dem Bösen» gründlich revidieren müssen, in vielerlei Hinsicht: Zum einen ist das Böse nicht nur böse; es kann den Menschen auch zum Guten führen, wenn er mit ihm ringt und ihm positive Kräfte abgewinnt (wie es Faust im zweiten Teil des Dramas gelingt). Ferner ist das Böse nicht eine einheitliche, stets gleichbleibende Macht, wie es der mittelalterliche Teufel gewesen war, sondern zeigt viele gegensätzliche Gesichter, wirkt in polarer Art. Und zum dritten müssen wir Abschied nehmen von der Vorstellung, das Böse lauere irgendwo draußen in der Welt auf uns und man müsse es sich tunlichst vom Leibe halten. Faust entdeckt, daß er es sich gar nicht vom Leibe halten kann, weil es in ihm selber steckt. Nicht in dem Sinne, daß er vom Bösen besessen wäre. Wohl aber schlummern in ihm bestimmte Neigungen, die Mephisto nur anzustacheln braucht, um Macht über ihn zu gewinnen.

Welcher Art die Neigungen sind, zeigt sich besonders deutlich, als Faust in der Einsamkeit seiner Gelehrtenstube selbstkritisch Rückblick hält auf seine Begegnung mit dem

Erdgeist (Vers 606 ff.): Mit Macht hatte es ihn gedrängt, abgehoben von aller Erdenschwere als Geist unter Geistern zu schweben, aufzusteigen in die Regionen des Lichtes und den schaffenden Göttern nahe zu sein. Doch indem er sich diesem Drang hingab, erlag er unversehens der Verführung, sich über allen Engeln stehend zu dünken, umwallt von göttlicher Majestät, und sein eigenes Ich zu genießen wie ein Gott. Die Hybris der Selbstsucht hatte ihn gepackt, und deshalb war er vom Erdgeist zurückgeschmettert worden. Kaum aber wird ihm das klar, bricht die andere Neigung seiner Seele hervor, die ihn an die Erde fesselt: Wie ein Wurm im Staube kommt er sich vor, der sich vom Stoffe nährt, im Boden wühlt und über seine Niederungen nicht hinauszublicken vermag. Des Menschen Drang, sich mit allen Organen an die Erde zu klammern, sich irdischem Glück und Wehe zu verschreiben, wird ihm bewußt, und so fühlt er sich wie zerrissen von den zwei gegensätzlichen Bestrebungen seines Inneren.

Der Zwiespalt erneuert sich, als Faust beim Osterspaziergang seinen Blick sehnsüchtig auf die glühendrote Abendsonne heftet, deren Glanz die Erde in finsterem Schwarz erscheinen läßt. Da tritt ihm wie als Antwort aus dem Schwarz und Rot der Natur ein Pudel entgegen, die Schnauze fest am Boden, den Schwanz steil zum Himmel gerichtet, umstrudelt von aufwärtsstrebendem Feuer. Aus diesem Pudel steigt Mephisto hervor, und auch er entpuppt sich als ein Doppelwesen: In der ersten Studierzimmerszene kehrt er, schwarz gekleidet, den Sohn des Chaos und der Finsternis heraus, der das Licht bekämpft und alles Gewordene zu Staub vernichten möchte, zugleich aber auch an messerscharfer Dialektik und lügenhafter Verdrehung der Wahrheit seine Freude hat. Faust erkennt ihn sogleich als «Verderber, Lügner» (hebräisch: Mephiztophel).

Bei seinem zweiten Auftritt erscheint Mephisto elegant in Rot und Gold gekleidet, schmeichelt Fausts Selbstbewußtsein und fordert ihn auf, sich aus dem dunklen Mauerloch herauszuheben und die Welt in vollen Zügen zu genießen. Rauschhaftes Wühlen in den Leidenschaften der Sinnlichkeit, hemmungsloses Ausleben des eigenen Selbst soll das Ziel sein. Welcher Geist da aus ihm spricht, offenbart Mephisto am Ende der Schülerszene (in der er ebenfalls beide Rollen spielt) durch den Spruch der Paradiesesschlange: «Ihr werdet sein wie Gott, wissend das Gute und das Böse.» Es ist Luzifer, mit dem sich Faust zum Bund vereint.

Das Böse tritt hier also in zweierlei Gestalten hervor. Zwar hat Goethe sie, der Tradition folgend, noch in einer Person zusammengefaßt, doch stellen sie sich dem Geistesforscher, wie Rudolf Steiner bestätigt, jenseits der Schwelle als zwei eigenständige geistige Wesenheiten dar. Die eine kennt die abendländische Tradition von alters her unter dem Namen Luzifer, die andere wurde in der altpersischen Tradition als Ahriman bezeichnet, ein Name, den Steiner mangels einer gängigen europäischen Bezeichnung beibehalten hat.

Auf beide Mächte stößt die faustisch voranschreitende Menschheit heute überall, und die vielen schreckenerregenden Vorgänge, die mit dem unbewußten Schwellenübertritt verbunden sind, werden wir erst im richtigen Lichte sehen, wenn wir hinter ihnen das konkrete Wirken Luzifers und Ahrimans erkennen, die, in gegensätzlicher Art und doch sich wechselseitig ergänzend, die Geschicke der Menschheit zu ihren Zielen zu lenken versuchen. Im folgenden soll nun betrachtet werden, wie sich die Tätigkeit der beiden Widersachermächte auf die menschliche Sprache ausgewirkt hat.

Daß der Mensch die Sprache nicht selbst erschuf, sondern von höheren Mächten zum Geschenk erhielt, die ihm dadurch Anteil an ihrer göttlichen Kraft und Weisheit gewähren wollten, davon war die Menschheit, solange sie höhere Mächte noch anerkannte, stets überzeugt. Daß aber an der Sprache und ihrer weiteren Ausgestaltung nicht nur die guten Mächte sich beteiligt haben, sondern auch die Mächte des Bösen, davon ist kaum mehr ein Bewußtsein vorhanden. Deshalb hat Rudolf Steiner 1915 einen ganzen Vortrag darauf verwendet, den Einfluß der Widersacher auf die Entwicklung der Sprache aufzudecken. Seine Ausführungen sind so grundlegend, daß sie hier zunächst referiert werden sollen.[29]

Ursprünglich war die Sprache von hohen geistigen Wesenheiten geschaffen worden, um die Menschheit Schritt für Schritt mit der Weisheit des Kosmos zu begaben. Die erhabenen Himmelsmächte, die zur Impulsierung und Lenkung der gesamten Erdenentwicklung berufen waren (Rudolf Steiner nennt sie die «Geister der Form»[30]), hatten zusammen mit den ihrer Leitung unterstellten Engeln, Erzengeln und Archai der Sprache eine bestimmte Aufgabe zugedacht, deren Erfüllung für den Werdegang der Menschheit Großes bedeutet hätte. Doch konnten sie nicht verhindern, daß gewisse luziferische und ahrimanische Wesenheiten ihre Absichten durchkreuzten und die Sprache auf eine ganz andere Entwicklungsbahn drängten als von ihnen vorgesehen. Um die welthistorische Dimension dieses störenden Eingriffes recht hervortreten zu lassen, erläutert Rudolf Steiner am Beginn seiner Darstellung ausführlich, was aus der Sprache hätte werden können, wenn die Diener Luzifers und Ahrimans nicht in sie hineingewirkt hätten:

Das Ziel der «Geister der Form» und ihrer Helfer war es, der Sprache eine Gestalt zu geben, aus der sich ein inniger Einklang zwischen Sprechen und Denken ergeben hätte. Wäre er erreicht worden, dann hätten die Menschen wie selbstverständlich eine Empfindungsmöglichkeit entwickelt für das, was im physisch erklingenden Sprachlaut, im D, im T, im Th und so weiter, als geistige Kraft lebt; dann würden sie «mit ihren innersten Lebensempfindungen durchdringen das Sprachliche; sie würden sozusagen in dem Laut drinnenstehen, aber im Laut drinnen zu gleicher Zeit den Begriff, die Vorstellung erleben; beides nicht getrennt empfinden, sondern beides als eines empfinden».

Wohl hätte es eine Vielzahl von Nationen geben sollen, doch deren Abgrenzung voneinander hätte sich im wesentlichen auf die unterschiedliche Prägung durch geographische, klimatische und andere naturgegebene Besonderheiten des jeweiligen Lebensraumes gestützt, nicht aber auf die Unterschiede der Sprache. Denn es wäre «dem Menschen möglich geworden zu verstehen, wenn er als Angehöriger der einen Nation dem Angehörigen einer anderen Nation entgegengetreten wäre, fühlend zu verstehen von vornherein, was in dem Worte liegt. Verschiedene Sprachen würde es schon gegeben haben. Aber nicht wären die Menschen in bezug auf das Verständnis der Sprachen verschieden gewesen; sondern im Empfinden dessen, was in dem einzelnen Laut, in dem einzelnen Buchstaben liegt, hätte zwar der Mensch die andere Sprache gehört, aber er hätte nicht gehört das Ausgehülste des Lautes, des Wortes; in dem Wort, in dem Laut drinnen hätte er die Vorstellung gehört, auf den Flügeln des Wortes wäre ihm die Vorstellung gekommen.»

(Wobei man sich die Sprachen natürlich nicht so vorstellen darf, wie sie heute geworden sind; sie wären ganz anders geworden.) Das Sprechen und Hören der Sprache hätte somit über alles Trennende hinweg zum Bindeglied der ganzen Menschheit werden können; das gegenseitige Sichverstehen selbst unter noch so verschiedenen Menschen – und verschieden sollten die Menschen durchaus sein – hätte dann keiner besonderen Anstrengung bedurft.

Hieraus ergibt sich nun für Rudolf Steiner ein besonders wichtiger, für die heutige Denkweise jedoch ungewohnter Aspekt: «Man könnte also sagen: Wenn es nach der Absicht der Geister der Form gegangen wäre, so würde man über die Erde hingeschritten sein und die Menschen verschieden gefunden haben über die Erde hin, aber so im Zusammenhang mit der ganzen Konfiguration, mit der Umgebung der Erde, wie etwa die Vegetation, die Pflanzenwelt es ist. Man hätte sie zusammengewachsen gefunden mit dem Naturdasein. Aber es wäre nicht in das Seelische hineingezogen dasjenige, was die Menschen nach Sprachen spaltet. Allerdings, etwas anderes wäre auch nicht gekommen: das wäre nicht gekommen, daß über das ganze Erdenrund hin gesucht wird *eine* einzige Wissenschaft, *eine* einzige Form der Erkenntnis. Es ist heute ein tiefer Glaube, aber ein rein luziferischer Glaube, daß es ein einziges Wissen geben kann, welches man in eine Anzahl von Dogmen faßt, und welches dann für die ganze Erdenmenschheit gelten muß. Das ist nur dadurch entstanden, daß sich das Wissen, das begriffliche Vorstellen losgetrennt hat von dem Sprechen und dadurch vereinheitet worden ist.

Wäre die Sache so gekommen, wie es in der Absicht der Geister der Form gelegen hat, dann würden die Menschen nach Menschengruppen sich über die Dinge der Welt verschieden ausgedrückt haben; aber man hätte es fühlend verstanden, man hätte auch den anderen gelten lassen, der sich anders ausdrückt über die Dinge, als man sich selber ausdrückt; man hätte gerade in der Mannigfaltigkeit das richtige Leben der Erde gefunden.

Das alles sind Dinge, die in den Intentionen der Geister der Form lagen, die aber in bezug auf ihr Verständnis aus der Menschheit völlig herausgeschwunden sind. Denn es hat sich festgelegt in einer ganz eklatanten Weise der Glaube, daß das sogenannte Vorstellen, das Leben in Begriffen anational sein müsse im Gegensatz zum Sprechen, das national sein müsse. Der Mittelzustand ist von den Geistern der Form gerade intendiert gewesen: nicht das Getrenntsein nach Sprachen und das Verbundensein über die ganze Erde hin nach einem leichtesten, schlampigen Begriffe; sondern die Mannigfaltigkeit der Sprache mit der Mannigfaltigkeit der Vorstellungen, das ist dasjenige, was von den Geistern der Form intendiert war.»

Also nicht eine Wahrheit für alle, sondern Wahrheit in lebendiger Vielfalt war das eigentliche Ziel der Erdenentwicklung. Die Einheitlichkeit der Menschheit sollte nicht in den geistigen *Inhalten* liegen, sondern in der *Fähigkeit,* aus der Sprache jedes beliebigen Menschen heraushören zu können, welche geistigen Inhalte darin leben, und die würden über die Welt hin tausendfach nuanciert sein, da sich jedem Menschen in seiner Situation und seiner Zeit eine andere Perspektive ergibt. Ein natürliches Verständnis haben zu können für die Wahrheit, die in dem anderen lebt, auch wenn sie ein ganz anderes Gesicht zeigt als das eigene Erleben – darin sollten alle Menschen gleich sein.

Das alles lag in der Absicht der führenden Mächte der Erdenentwicklung und wurde der Sprache als Entwicklungsmöglichkeit mitgegeben. Doch gelang es den opponierenden Dienern Luzifers und Ahrimans, in den Werdegang der Sprache so einzugreifen, daß er eine andere Richtung nahm und der ursprüngliche Impuls abgebogen wurde. Das geschah in zwei Schritten. Als erstes griffen luziferisch wirkende Geister in die Sprache ein, Wesen, die auf der Stufe von Engeln (Angeloi) standen, in ihrer Entwicklung aber gegenüber den regulär entwickelten Angeloi zurückgeblieben waren, sich an deren Arbeit nicht beteiligen konnten und nun ganz andere Ziele verfolgten, die denen der regulären Geister zuwiderliefen. (Genaueres dazu ist in dem Vortrag ausgeführt.) Ihr Bestreben war es, den harmonischen Zusammenklang von Denken und Sprechen, der in der Sprache veranlagt war, zu zerstören, indem sie das Denken und Vorstellen der Menschen vollständig losrissen von dem Vorgang des Sprechens, so daß es eigene Wege ging, sozusagen neben dem Sprechen her. Damit rissen sie aber das Denken auch von der Mannigfaltigkeit der Wahrheit los, die im Sprechen der verschiedenen Menschen an verschiedenen Orten hätte erlebt werden können, und impften ihm statt dessen die Wahnvorstellung ein, die Begriffe müßten für alle Menschen die gleichen sein. Steiner formuliert es so: «Diese luziferisch gearteten Engelwesenheiten brachten unter die Menschen das Vorurteil von der Internationalität der Begriffswelt, von der sogenannten über die ganze Erde hinüberreichenden einheitlichen Dogmatik. Wo man an eine solche einheitliche Dogmatik glaubt, wo man glaubt, daß es möglich sei, nicht in der Mannigfaltigkeit, sondern in der Einheitlichkeit das Heil zu suchen, da wirken die luziferischen Geister. Sie haben losgerissen die Vorstellungswelt von der Sprachenwelt. Sie haben damit dasjenige heraufbeschworen, was unmöglich gemacht hat, daß die Vorstellungen ihren Sitz richtig in dem gesprochenen Wort drinnen behalten haben. Und so entstand die luziferische Einheitlichkeit, der luziferische Monismus oder das Streben nach dem luziferischen Monismus über die ganze Erde hinüber. Überall, wo Fanatiker auftreten, die da glauben, daß dasjenige, was sie gerade als das Richtige ansehen, nun so schnell als möglich von allen Erdenmenschen geglaubt werden müsse, da sind sie besessen von jenen luziferischen Engeln. Denn nicht darum handelt es sich, daß man von diesem Einheitswahn besessen ist, sondern darum handelt es sich, daß man nach Verständnis der Vielheit, der harmonisch wirkenden Mannigfaltigkeit strebt.»

Nachdem die luziferischen Geister das Denken und Vorstellen aus dem Sprechen herausgezogen hatten, war die Bahn frei für einen zweiten Angriff, der diesmal von ahrimanisch wirkenden Wesenheiten ausging, die als irregulär entwickelte Erzengel (Archangeloi) bezeichnet werden können. Sie zogen die vom Denken verlassene Sprache herunter in die Spezialisierung nach Lokalitäten, indem sie ihre weitere Ausgestaltung an die besonderen Einflüsse der einzelnen Erdenorte knüpften und damit physischen Bedingungen unterwarfen. Daher konnten die Menschen in den Lauten einer fremden Sprache schon bald keinerlei Empfindung mehr haben für die darin liegende Vorstellung; die Verständigung hörte auf, Sprache trennte die Gruppen, statt sie zu verbinden. Die Menschheit wurde in die Zersplitterung getrieben, in Spaltung und Absonderung, aus der sich nicht nur das Bewußtsein der Eigenheit entwickelte, sondern auch der Haß gegen alles Andersbeschaffene. Der natürliche Zusammenhalt aller Menschen auf der Erde war zerstört.

Wir sehen, so resümiert Rudolf Steiner, «die Dreiheit einer fortgehenden Entwickelung, die aber gefälscht ist: die gefälscht ist nach oben durch den Einheitswahn der Vorstellungen, gefälscht nach unten durch den falschen Differenzierungswahn, was schon kein Wahn mehr ist, sondern eine Tatsache: das Zerklüften, das Zerspalten der Menschheit in sogenannte Nationen nach den Sprachen». In der Entwicklung der Sprache trat damit ein tiefer Riß ein: Indem sich das Denken und Vorstellen verselbständigte und gewissermaßen freischwebend seinen geistigen Höhenflug kultivierte, in der festen Überzeugung, sich aus den Niederungen der verwirrenden Sprachvielfalt erhoben zu haben zur globalen Einheitlichkeit der Begriffe, mußte der zurückgelassene Klangleib der konkreten Sprache immer mehr herabsinken zu einem nur noch lokal bedeutsamen Phänomen, das die Menschen auseinandertrieb in einzelne, sich voneinander abschließende Gruppen, die sich an feste Erdenplätze und Erdenbedingungen banden, einander bekämpften und sich immer weiter auseinanderlebten.

Indessen haben die Widersacher, wenn man so sagen darf, eine besondere Kunst darin entwickelt, ihre Eingriffe in das Weltgeschehen dem menschlichen Gemüt so nahezubringen, daß der Mensch in ihnen nicht etwas Negatives sieht, sondern im Gegenteil etwas ganz besonders Hohes, Ideales. Was in Wirklichkeit nur in heillose Zersplitterung und Entzweiung der Menschheit einmünden kann (und auch soll), das wird, so Steiner, zum hohen Leitbild moderner Politik stilisiert, indem man den Menschen suggeriert: «Die Nationen sollen sich in besonderen Gebieten auf der Erde als Nationalitäten absondern, und nur wert gefunden werden diejenigen Menschengruppen auf der Erde, die in sich geschlossene Nationalitäten darstellen.» – *Für Freiheit und Gleichheit der Nationalitäten* ist der Schlachtruf Ahrimans, formuliert Rudolf Steiner 1915, und in der Tat, man muß die Realität der Schlachten, die seit dem 19. Jahrhundert in diesem Zeichen geführt worden sind und noch immer geführt werden, nur einmal unter die Lupe nehmen, um den vernichtenden Moloch hinter dem Wahnbild zu bemerken. Aber auch Luzifer ist es gelungen, seinerseits alle diejenigen Bestrebungen in edelstem Lichte erscheinen zu lassen, «die den Einheitswahn einer gleichmachenden Dogmatik über die ganze Erde hin verbreiten wollen als ein gleichmäßiges Netz einer gleichlautenden Intellektualität, die nicht zuläßt die Mannigfaltigkeit, die Vielheit der Auffassung». – *Eine Wahrheit für alle, eine Wissenschaft für die ganze Erde* ist sein Schlachtruf geworden, der sich großer Anerkennung erfreut.

Aufgabe der Anthroposophie muß es sein, so postuliert Steiner, «das Verführerische und Versucherische solcher Wahnworte zu durchschauen und mitzuwirken dahin, daß die Menschheit auf den rechten Weg komme», einen Weg, der nur dadurch gefunden wird, daß wir uns durchdringen mit der kosmisch-menschheitlichen Kraft, die sich seit der griechisch-römischen Kulturepoche dem Wirken Luzifers und Ahrimans entgegenstellt: mit der Kraft des Christus-Impulses. Indem das Christuswesen, so hat es Steiner oft erläutert, aus göttlichen Höhen herabstieg und sich mit dem Erdenschicksal verband, ist gegen alle Angriffe und Verführungen der Widersacher ein Gegengewicht geschaffen worden, das es dem Menschen, der dazu willens ist, möglich macht, sein Menschsein zu bewahren, ja erst im rechten Sinne auszubilden, indem er, mit den Widersachern ringend und sie an ihren berechtigten Platz im Weltganzen verweisend, wo sie zu Wohltätern werden können, das wahre Ziel der Erdenentwicklung ins Auge faßt – so wie es in der von Steiner gestalteten Holzplastik des Christus als Menschheitsrepräsentant zwischen Luzifer und Ahriman zum Ausdruck kommt.

Durch das Christuswirken wurden auch die ursprünglichen Impulse, die in die Sprachentwicklung von den regulären Lenkern der Erdenentwicklung hineingelegt worden waren, wieder in ihr Recht gesetzt und mit neuer Kraft befeuert; denn der Christus-Impuls hat das Ziel, «nachdem die Erdenentwickelung nun eine Weile gewissermaßen nach zwei Richtungen hin falsch gegangen ist, die Gegenimpulse zu schaffen: das heißt, den normal entwickelten Engeln eine größere Macht zu geben, damit sie den luziferisch entwickelten Engeln, welche den Einheitswahn befolgen, entgegenwirken. (…) Und geschärft nach der anderen Seite sollte werden auch die Kraft der regulär entwickelten Erzengel, so daß sie nach und nach besiegen können diejenigen geistigen Wesenheiten, welche die Differenzierung der Menschengruppen dadurch herbeiführen, daß diese Menschengruppen in ihre Sprache verliebt werden und dadurch zu einer besonderen Absonderung, in ein Fanatisches kommen. Stärker sollen die regulär entwickelten Engel und Erzengel gemacht werden durch den Christus-Impuls. Dasjenige, was durch den Christus-Impuls geschehen sollte, ist eben nicht etwas, was bloß in den Gedanken, in der Anschauung der Menschen, in dem Gefühl der Menschen da ist, sondern es geht das, was in der Erde geschieht, über das Sichtbare hinaus in das Unsichtbare hinein. Der Christus ist nicht nur da für die Menschen, sondern auch für die Engel und für die Erzengel.»

Soweit zunächst einmal die Wiedergabe der Grundgedanken des Vortrages. Dabei ist eines zu beachten: Da Rudolf Steiner bei seiner Darstellung gleichsam in perspektivischer Verkürzung die Menschheitsgeschichte als ein Ganzes in den Blick nimmt, schildert er auch den luziferisch-ahrimanischen Angriff auf die Sprache als einen in sich abgeschlossenen Vorgang, von dem man den Eindruck haben könnte, als sei er in grauer Vorzeit einmal geschehen und seitdem als Faktum vorhanden. Das wäre jedoch ein Mißverständnis. In Wirklichkeit handelt es sich um einen Prozeß, der über Jahrtausende reicht und bis in unsere Tage zu spüren ist.

Von seinem Beginn hatten die alten Völker offenbar eine eindrückliche Erinnerung, denn das Alte Testament berichtet noch von einer Zeit, in der «alle Welt einerlei Zunge und Sprache» hatte (1.Mos. 11,1), die Menschen also durch die Sprache noch nicht voneinander getrennt waren, und hält dann in einem markanten Bild den menschheitsgeschichtlichen Augenblick fest, in dem die Zersplitterung in Einzelsprachen begann: Um den eigenen Namen, so heißt es da, zu verherrlichen, bevor sie in die Zerstreuung gerieten (*celebremus nomen nostrum antequam dividamur in universas terras*), beschlossen die Menschen, in Babylon eine Stadt und einen Turm zu bauen, dessen Spitze den Himmel berührt. Gott der Herr nahm wahr, was die Menschen taten, und als Antwort darauf sprach er zu den Seinen: «Sie werden nicht ablassen von allem, das sie vorgenommen haben zu tun. Wohlauf, lasset uns herniederfahren und ihre Sprache daselbst verwirren, daß keiner des anderen Sprache vernehme!» Und so wurden sie in alle Länder zerstreut und konnten einander nicht mehr verstehen.

Zwar ist es hier der Herr selbst, der die Zerstreuung der Menschen als Konsequenz ihrer Vermessenheit in die Wege leitet, doch zeigt die Schilderung im übrigen die charakteristische Vorgehensweise der beiden Widersacher. Zuerst wird in den Menschen das Begehren wach, zur eigenen Glorifizierung einen himmelragenden Turm zu bauen, der die Sphäre der Götter erreicht – ein Vorgang, der unverkennbar Luzifers Züge trägt: Der Turm soll es den Menschen möglich machen, sich dem Irdischen zu entreißen, aufzusteigen zu den höheren Welten und sich den Göttern gleichzustellen. Zu sein wie Gott, die eigene Macht und Vollkommenheit in vollen Zügen zu genießen – das ist die Verführung, durch die einst das paradiesische Einssein mit den Göttern beendet wurde und jetzt das irdische Einssein der ganzen Menschheit zerbricht.

Auch das Motiv des Einheitswahns taucht auf: Es ist ein einziger Turm, der für alle gebaut werden soll, und zwar ausdrücklich mit dem Ziel, dem befürchteten Auseinandergehen in die Vielfalt zuvorzukommen. Indem aber die Menschen sich mit ihrem Bewußtsein aus der natürlichen, gottgeschenkten Sprache auf der Erde herausheben und im Einheitswahn himmelwärts streben, hinauf in eine rein geistige Region, in der die sinnliche Erdensprache bedeutungslos wird, ist die Stunde des Sturzes gekommen. Luzifers Anfechtung hat den Boden bereitet für das Wirken ahrimanischer Geister, und sie treiben die Sprache in die Zerklüftung; die Menschen werden in alle Winde zerstreut, verstehen sich nicht mehr und werden einander fremd. Haß und Feindschaft, Krieg und Zwietracht halten Einzug in die Geschichte.

Je weiter die Zerklüftung fortschreitet, desto mehr fühlen

sich innerhalb der einzelnen Teile die Menschen durch die Gemeinsamkeit ihrer Sprache verbunden; Sprache stiftet Identität – in der Abgrenzung nach außen und im festen Zusammenhalt nach innen. Hier, in der abgesonderten Gruppe, findet das zunächst noch statt, was eigentlich der gesamten Menschheit als Fähigkeit zugedacht war, nämlich daß der Mensch durch das Hören der Sprache sich in den anderen hineinfühlen kann, seine Eigenart kennenlernt und durch ihn bereichert wird. Doch die Tendenz zur Zersplitterung macht auch vor diesen Gemeinschaften nicht halt; die großen Menschheitsgruppen und Völker zerfallen in eine Vielzahl von Volksgruppen, und aus ihnen sondern sich einzelne Stammesgemeinschaften ab, die sich ihrerseits wieder zergliedern in Sippen, Familienverbände und kleine Familien, bis am Ende der einzelne Mensch nahezu allein dasteht.

Die alte Menschheit hat diesen doppelten Angriff auf die Sprache, das zeigt der biblische Bericht, genau als das erlebt, als was ihn auch Rudolf Steiner in dem referierten Vortrag schildert: als ein Verderben des ursprünglichen Impulses und damit als einen schmerzlichen Verlust. Man könnte daher geneigt sein, alles, was sich aus der babylonischen Sprachverwirrung ergeben hat, von vornherein als etwas Negatives zu betrachten. Aber was oben über die Mannigfaltigkeit der Wahrheit gesagt wurde, gilt auch hier. Denn so berechtigt es ist, in dem Vorgang ein Verhängnis für die Menschheit zu sehen, so muß doch auch wahrgenommen werden, daß durch das Zusammenspiel der luziferischen und der ahrimanischen Bestrebungen im Laufe der Zeiten für die Weltentwicklung etwas außerordentlich Bedeutsames bewirkt worden ist: Zwar trieb Ahriman die Menschen immer mehr in die Vereinzelung, aber gerade dadurch konnte sich in Luzifers Sinne das Ich des Menschen aus dem gesamten Naturverband herausheben und selbstbewußt seine Eigenständigkeit zur Geltung bringen. Luzifer wurde zum Geburtshelfer der Individualität, die als freies, autonomes Wesen der Entwicklung einen ganz neuen Duktus gab.

Die Griechen, bei denen sich das welthistorisch zum ersten Male vollzog, wußten, daß es ein Geburtsvorgang war. In ihre Freude mischte sich der Schmerz der Trennung: Die Nabelschnur als letzte Verbindung zum Mutterschoß mußte zerschnitten werden, damit das neugeborene Wesen seine Selbständigkeit erlangen konnte. Dessen eingedenk bedeckten die Priester in Delphi den noch wunden Nabel (in Gestalt eines Nabelsteines, Omphalos genannt) täglich mit frischer Watte.

Von dem scharfen Schnitt betroffen war nicht zuletzt die wunderbar farbige, bildgesättigte Sprache der Griechen. In demselben Augenblick nämlich, in dem sich das Einzel-Ich aus den alten Bluts- und Stammesbindungen herauszulösen begann, löste sich auch das Denken endgültig aus der Sprache heraus und nahm einen völlig anderen Charakter an: Nicht mehr die Hingabe an sinnesnahe, bildhaft-imaginative Vorstellungen wurde gepflegt wie in den Zeiten des mythischen Welterlebens zuvor, sondern die von den Sinnen sich ablösende Rationalität des bildlosen Denkens, das seinen Halt in sich selber findet. Aus den Worten und Sätzen der Sprache wurden jetzt die Strukturen der Logik extrahiert, Regeln und Gesetze, von denen man wußte, daß überall auf der Erde jeder exakt denkende Mensch sie bestätigt findet, gleichgültig, welche Sprache er spricht. Die Einheit der Menschheit – im Gebrauch der Logik schien sie erreicht. Luzifers Handschrift auch hier!

«Vom Mythos zum Logos» – so charakterisierte Karl Jaspers den Übergang der Menschheit zu dem neuen Zeitalter.[31] Die Griechen selbst haben den Übergang in einem Mythos festgehalten, der paradoxerweise als Mythos die Überwindung des mythischen Bewußtseins zum Gegenstand hat. Es ist die Sage von Ödipus und der Sphinx: Als sich Ödipus seiner Heimatstadt Theben näherte, versperrte ihm die Sphinx den Weg, ein furchterregendes Wesen aus Frauenkopf, Löwenkörper, Schlangenschwanz und Adlerflügeln, das jedem, der des Weges kam, ein Rätsel vorlegte. Konnte er es nicht lösen, war er des Todes und wurde verschlungen. Zahllose Menschen hatte das Geschick schon ereilt, bevor Ödipus das Rätsel löste. Es lautete: «Welches Wesen, das nur eine Stimme hat, hat manchmal zwei Beine, manchmal drei, manchmal vier, und ist am schwächsten, wenn es die meisten Beine hat?»[32]

Heute löst jedes Schulkind solch ein Rätsel; damals aber mußten die allermeisten daran scheitern, weil die Lösung eine Fähigkeit voraussetzte, die überhaupt erst zu erwerben war. Ödipus, der dem von Apollo prophezeiten Schicksal, er werde seinen Vater töten und die Mutter heiraten, ausweichen wollte und deshalb beim Verlassen des delphischen Tempels mit Absicht nicht den Weg nach Korinth einschlug, wo seine vermeintlichen Eltern lebten (die in Wirklichkeit nur seine Adoptiveltern waren), sondern den anderen Weg, der ihn nach Theben führte, dieser Ödipus also, der dem Willen der Götter trotzte und sein Schicksal selbst in die Hand nehmen wollte, war der erste, der auf die Frage der Sphinx die Antwort wußte: «Der Mensch. Er kriecht als Säugling auf allen Vieren, steht in seiner Jugend fester auf seinen zwei Füßen und stützt sich im hohen Alter auf einen Stock.» Damit hatte die Sphinx ihren Schrecken verloren und stürzte sich selbst in den Abgrund.

Man bedenke, was hier gefordert war: Die lebhafte, menschlich anrührende Erfahrung eines auf dem Boden herumkrabbelnden Kleinkindes, das stolze Bild eines aufrecht gehenden Erwachsenen, die abnehmenden Körperkräfte des Greises, der den Stock zu Hilfe nimmt – das alles wird in dem Rätsel reduziert auf die leere Formel Zwei-Drei-Vier, wobei auch noch die Reihenfolge der Lebensalter vertauscht ist und der Hörer zusätzlich irritiert wird durch die Angabe, daß die Kraft bei der höchsten Beinzahl am geringsten sei. Die Lösung konnte nur der finden, der bereits gelernt hatte, sein Denken von der Farbigkeit und Fülle der sinnlichen Anschauung völlig loszureißen und sich in bildlosen Gedanken sicher zu bewegen. Intellektuell-abstraktes Denkvermögen auszubilden hieß die Aufgabe, welche die Sphinx der Menschheit stellte, und es hat gut zwei Jahrtausende gedauert, bis sie von allen gemeistert war.

Damals, am Beginn der griechischen Kultur, waren es nur wenige führende Köpfe, die darüber schon verfügten, und weil sie sich ihrer Überlegenheit bewußt waren, erlagen manche nur allzuleicht der Versuchung, mit aufgeblähtem Selbstbewußtsein ihr Können zur Schau zu stellen und überall da, wo durch die Macht des Wortes etwas zu bewirken war, sei es in der Politik oder vor Gericht, in der Demagogie oder im wissenschaftlichen Disput, nach Kräften daraus Kapital zu schlagen. Sie erwarben sich ein umfassendes Wissen über nahezu alle Gebiete der Philosophie und Wissenschaft und boten sich dann als enzyklopädisch gebildete «Weisheitslehrer» (Sophisten) an, die jedem zahlungskräftigen Interessenten aus den besseren Kreisen versprachen, ihn sowohl für seine privaten

Angelegenheiten wie auch für seine berufliche Karriere mit dem nötigen Geschick und Wissen auszustatten, das ihn anderen überlegen mache. «Wissen ist Macht» lautete ihr Werbespruch, und wer ihre universelle Bildung anzweifelte, durfte sie auf die Probe stellen, indem er ein beliebiges Redethema nannte, und sogleich hielten sie darüber aus dem Stand einen gelehrten, wohlgeordneten Vortrag, der jeden verblüffte. Allerdings ging ihnen auch der zweifelhafte Ruf voraus, sie verwandelten Unrecht in Recht, denn es gebe nichts, was sie nicht mit schlagenden Argumenten ins Gegenteil verkehren könnten. Tatsächlich sahen die Sophisten den Prüfstein ihrer methodischen Schulung darin, daß man durch Worte «die schlechtere Sache zur besseren» machen könne, und so entwickelten sie eine Art sportlichen Ehrgeizes, vor Gericht selbst den hoffnungslosesten Fall zugunsten ihres Klienten zu entscheiden, mochte er nun im Recht sein oder nicht. Manche machten sich sogar ein Vergnügen daraus, anerkannte moralische Grundsätze zum Entsetzen des Publikums auf den Kopf zu stellen, indem sie scheinbar unwiderleglich bewiesen, daß zum Beispiel ein Meineid sittlich gut, ja wünschenswert sei. Um solche Effekte zu erreichen, setzten sie nicht nur ihr profundes Wissen und brillante Rhetorik ein, sondern zogen auch skrupellos alle Register pseudologischer Trugschlußverfahren, dialektischer Kniffe und logischer Spitzfindigkeiten, mit denen man einen Gegner im Redekampf elegant niedermachen konnte. Logik und Intellekt wurden zum Arsenal des Egoismus ausgebaut, die persönliche Eitelkeit durch den Erfolg befriedigt.

Damit zollten die Sophisten den luziferischen Mächten, die an der Schwelle des neuen Zeitalters wirksam waren, einen kräftigen Tribut. Aber auch den ahrimanischen Tendenzen leisteten sie Vorschub, denn ihr taschenspielerhaftes Jonglieren mit der Logik beschleunigte die ohnehin beginnende Entwertung der Sprache: Glaubte man eben noch genau zu wissen, welcher Sachverhalt mit einem bestimmten Wort zu verbinden sei, so bewies einem im nächsten Moment der geübte Sophist, daß das genaue Gegenteil gemeint sein müsse, und so verkamen die Worte allmählich zu bloßen Münzen, bei denen man je nach Bedarf die eine oder die andere Seite vorweisen konnte. Unverrückbare Wahrheit war in ihnen nicht mehr zu finden, und folglich wurden sie zu willkommenen Instrumenten der Täuschung und der Lüge.

So sehen wir bereits in der Blütezeit der griechischen Klassik erste Anzeichen eines Sprachverfalls; freilich noch nicht in einem solchen Ausmaß, daß er kulturbestimmend geworden wäre wie in unserer Zeit, denn die einfachen, ungebildeten Menschen waren in ihrer Masse noch weit entfernt davon, das altgewohnte, innige Verwachsensein mit der Sprache aufzugeben; für sie war Sprache noch immer Realität. Dennoch tauchte das Problem, daß Wahrheit letztlich außerhalb der Sprache gefunden werden muß, ein erstes Mal auf, und eines der größten Ärgernisse, das Sokrates in Athen erregte, lag eben darin, daß er jedem, der von sich behauptete, über irgendein Gebiet ein sicheres Wissen zu besitzen, nachwies, daß er dem naiven Glauben an Worte erlegen war, indem er in bestimmten Wendungen und Begriffen eine feststehende Realität vermutete, die sich bei genauerem Nachforschen gar nicht darin entdecken ließ. Vom Scheininhalt der Sprache, mit dem die Sophisten ihr raffiniertes Spiel trieben, fortzukommen zu einer nur noch geistig erfahrbaren Wahrheit, um die man sich unter Umständen zeitlebens bemühen muß, ohne sie jemals als sicheren Besitz beanspruchen zu können, das war für Sokrates und seinen Schüler Platon das wahre Ziel der Philosophie. Das alte, gottgegebene Wissen war verloren, die

Sicherheit dahin; statt dessen begann ein Ringen und Streben nach neuer, vom Menschen selbst errungener Weisheit. Philosophieren hieß nicht, die Wahrheit zu kennen, sondern als Wahrheitssucher unterwegs zu sein.

Hier war ein Weg vorgezeichnet, der aus den Untiefen der Sophistik herausführte, indem er das sich entwickelnde Ich voll und ganz in seine Rechte einsetzte, zugleich aber die Gefahr vermied, die Wahrheit der Willkür des Egoismus zu überlassen und sie dadurch in einen Abgrund von Relativismus und Nihilismus zu stürzen. Ein Ideal leuchtete auf, das sich in der Folgezeit tief in den Gang der abendländischen Geistesgeschichte eingeschrieben hat. Das Schicksal der Sprache jedoch war besiegelt und konnte auch auf diesem Wege nicht gewendet werden. Denn je länger die Gebildeten sich bemühten, in der Nachfolge von Platon und Aristoteles ihr Gedankenleben zu schulen und es nach dem Vorbild der geometrisch-mathematischen Methode zu kristallklarer, exakter Begrifflichkeit zu erheben, desto mehr entzogen sie der Sprache die Kraft der unmittelbaren Verständigung. Der Grund dafür lag in der angedeuteten Umstülpung der mythischen Vorstellungsart von außen nach innen: Abstrakte philosophische Gedankengänge und Begriffsinhalte kommen dem Menschen nicht aus der Sinnesanschauung entgegen; er muß sie in konzentrierter Denkanstrengung mit erheblichem Willenseinsatz selbst bilden, und nur wenn er sie bildet und solange er sie bildet, sind sie geistig real in ihm vorhanden, aber eben nur in ihm. Auf diesen inneren Bildeprozeß können die Worte der Sprache lediglich von außen hindeuten, und so hat jeder den geistigen Inhalt seiner Worte für sich, in sich. Der Sprachgebrauch wird abstrakt. Dadurch aber verliert die Sprache zunehmend die Möglichkeit, zwischen den Menschen schon aus dem Laut heraus geistig-seelische Brücken zu schlagen. Rudolf Steiner formulierte es einmal so:

«Je abstrakter das unmittelbare Spracherleben wird, desto mehr werden die Seelen der Menschen voneinander geschieden. Was abstrakt ist, hat der einzelne Mensch für sich. Er bildet es für sich aus. Es lebt in ihm als in seiner besonderen Ichheit. Vollständig kann dieses abstrakte Element allerdings nur in der Begriffswelt erreicht werden. Aber bis zu einem sehr hohen Grade nähern sich ihm auch die Wort- und Satzerlebnisse in den Sprachen der zivilisierten Völker.»[33]

Mit dem letzten Satz deutet Steiner auf den Zustand der Sprachen, der im 20. Jahrhundert erreicht wurde. In der Blütezeit der griechischen Kultur war davon im allgemeinen gewiß noch wenig zu bemerken. Dennoch hatte die Entwicklung dort ihre Wurzeln, und je weiter sich das begrifflich-abstrakte Denken in der Welt der Griechen und Römer ausbreitete, desto sicherer wurde die ahrimanische Tendenz veranlagt, durch die Sprache nicht nur die Menschheit in einzelne Volksgruppen zu spalten, sondern nach und nach auch innerhalb der Gruppen die Menschen voneinander zu scheiden und seelisch in die Isolation zu treiben. Die Gefahr einer völligen Vereinsamung des Ich zeichnete sich ab. Auf der anderen Seite entwikkelte der freigewordene Intellekt zunehmend die Neigung, sich vorzugsweise an der toten, unbelebten Natur zu erproben und von daher unversehens in festen Strukturen, Schematismen und Dogmen zu erstarren, befangen von dem Wahn, die einzige Wahrheit zu kennen, die überall und jederzeit Gültigkeit haben müsse. Vertrocknende Einheitsintellektualität hier – Verbannung in das individualistische Einzelsein dort: das war die Kluft, die sich für die Zukunft auftat, und in der Mitte eine furchtbare Leere.

In diese Situation traf das Christus-Ereignis in Palästina, durch das der Erdenentwicklung ein neuer Impuls eingepflanzt wurde, der die Menschheit zu ihrem eigentlichen Ziel zurückführen wollte, zugleich aber auch vorwärts auf dem schon begonnenen Weg in die Selbständigkeit. Denn es ging nicht darum, das Rad der Geschichte zurückzudrehen. Die eben erst errungene Freiheit des Ich sollte unangetastet bleiben, ja sogar zur Grundlage für alles Kommende gemacht werden, indem das Wirken der Christuswesenheit nicht wie eine Naturgewalt über den Menschen kam, der er notgedrungen hätte folgen müssen, sondern sich als eine keimhaft schlummernde Kraft in sein Inneres senkte und darauf wartete, aus freiem Willen aufgerufen zu werden. Es gehört zum Wesen des Christus-Impulses, daß er nur dort seine Kraft entfaltet, wo Menschen ihn wollen, wo Seelen sich mit ihm durchdringen und ihn zur Tat werden lassen. Das höchste Ich der Menschheit, das von sich sagen durfte: «Ich bin der Weg und die Wahrheit und das Leben», hat in jedem einzelnen Menschen Wohnung genommen, und so ist die Wahrheit und das Leben in jedem Menschen zu finden. Nicht in abstrakter Art, sondern in lebendiger Mannigfaltigkeit, in tausendfach sich verwandelnder Vielfalt. Das ist es, was nach Rudolf Steiners Überzeugung «im richtig verstandenen Christentum liegt: das Verstehen, aber das Nicht-Aufdrängen desjenigen, was man selber meint, das Suchen der Wahrheit in der anderen Menschennatur. (...) So daß es wieder für die Menschen und für jedes Zeitalter ein Ideal werden kann, überall, wo es sein soll, auf der Erde zu finden eine individuell gestaltete Wahrheit, jetzt nicht aus dem eben von Luzifer schon ganz in den Wahn hinein verschossenen bloßen Intellekt heraus, sondern von Seelen, von Herzen heraus dasjenige zu finden, was wahr ist; gewissermaßen jeden Menschen auf seine eigene Art finden zu lassen, was wahr ist. – Diese Worte: daß die Wahrheit in jeder Menschenseele liegt, das ist das tief Christliche (...).»[34]

Wie aber kann diese individuell gestaltete Wahrheit im anderen Menschen wahrgenommen werden? Aus den physisch erklingenden Lauten der Sprache ist sie nicht mehr zu entnehmen; dazu hat sich die Sprache zu weit von ihren Ursprüngen entfernt. Doch auch der Intellekt fördert sie nicht zutage; er müßte sich dazu selbst verleugnen. Es bedarf eines ganz anderen Organs, um sich in die feinen seelischen Nuancen eines anderen Menschen so hineinzuleben, daß man wirklich wahrnimmt, was sich in ihnen über die Welt und ihren unerschöpflichen Reichtum ausspricht: Es bedarf der Hellhörigkeit des Herzens! Denn nur vom Herzen her kann das verstanden werden, was so anders ist als das eigene Wesen und doch ein Stück der Wirklichkeit repräsentiert, der wir alle angehören. Man könnte also sagen, daß der Balsam, den der Christus zur Heilung der klaffenden Sprachwunde der Menschheit auf die Erde gebracht hat, im eigenen Herzen zu finden ist. Die Sprache des Herzens immer bewußter zu hören und zu sprechen, das ist mehr als nur eine poetische Metapher; es ist ein Ziel für die Zukunft, dessen Erreichen oder Nichterreichen unmittelbar den Gang der Geschichte beeinflussen wird.

Das Aufbäumen der Widersacher gegen den Christus-Impuls

Gegen Ende des Vortrages, der oben referiert wurde, skizziert Rudolf Steiner noch kurz, wie das Wirken der Christuskräfte im Laufe der Jahrhunderte die weitere Entwicklung des Sprachproblems beeinflußt hat. Er bringt da die gewaltige Kraft, mit der das Christuswesen die luziferisch-ahrimanischen Bestrebungen zurückdrängte, in das Bild einer Lokomotive, die durch tiefen Schnee fahren muß: Zunächst reicht ihr Schwung noch aus, den Widerstand zu überwinden. Je höher sich aber der zusammengeschobene Schnee vor ihr auftürmt, desto mehr wird sie gehemmt und vielleicht sogar zum Stillstand gebracht. – Dieses Bild wirkt zunächst beunruhigend; es läßt die Frage aufkommen, ob der Christus-Impuls demnach gescheitert ist und die Widersacher jetzt nicht mehr überwunden werden. Steiner bemerkt dazu: «Selbstverständlich werden sie auch weiter überwunden, wenn sich genügend Menschen finden, die sich von dem Christus-Impuls ergreifen lassen wollen.»[35]

Damit ist jedoch eine neue Situation geschaffen: Der Christus-Impuls hat eine Zeitlang gewirkt und für die Menschen eine tiefe Schneise in das Dickicht der Gegenmächte geschlagen. Jetzt, nachdem er der Menschheit vorangeschritten ist, wird es die Aufgabe der Menschen, selbst den Kampf zu führen, indem sie sich mit der Kraft des Christus erfüllen und diese gegen die Verführer richten, um sie immer mehr zu überwinden.

Freilich stehen sie da vor einer schweren Aufgabe. Denn der machtvolle Eingriff des Christus forderte Luzifer und Ahriman zu verstärkten Anstrengungen heraus, und es gelang ihnen, mit der Zeit immer höhere Widerstände aufzutürmen, die es dem Menschen unmöglich machen sollten, sich ihrem Zugriff zu entwinden. So kam es, daß der Wahn des Monismus die nachchristliche Entwicklung mit einer zuvor nie dagewesenen Vehemenz und Ausschließlichkeit ergriff, nach Steiners Angaben ganz besonders seit dem 8., 9. Jahrhundert. «Und was da besonders stark auftritt, ist eben noch einmal ein Aufbäumen der luziferischen Engel. Sie wollen siegen. Sie wollen die Menschen dazu verführen zu glauben, von dem Wahn sich beherrschen zu lassen, daß über die ganze Erde hin eine einförmige, gleichlautende dogmatische Wahrheit herrschen soll. Und immer wieder und wiederum kommt über die Menschen dieser furchtbare Wahn von dem Monismus der Dogmatik.»[36]

Der Hinweis auf das 8. und 9. Jahrhundert zielt offenbar auf die Entstehung des christlich-abendländischen Universalreiches, mit dem ja der Katholizismus zur beherrschenden Staatsreligion wurde. Er trägt den Anspruch, über die ganze Erde hin Gültigkeit zu haben, bereits im Namen. In einem Lexikonartikel[37] lesen wir: «Die Bezeichnung *katholisch* tritt schon um 150 n. Chr. auf und besagt, daß gegenüber anderen Auffassungen des Christentums die von den Aposteln ausgehende Überlieferung ‹überall› (griech. *katholu*) verbreitet sei und anerkannt werden müsse. Die klassische Formulierung dieses Standpunktes nennt ‹katholisch› dasjenige, *‹quod ubique, quod semper, quod ab omnibus creditum est›* (lat.: was überall, immer und von allen geglaubt worden ist).» – Dementsprechend wurde gehandelt: Nicht nur die dogmatische Einheit der Kirche wurde auf zahlreichen Konzilien in erbittertem Kampf gegen angebliche Häresien errungen und verteidigt; als sich im 8. Jahrhundert das Frankenreich zu festigen begann, wurde auch das gesamte

Bildungswesen, das dort von sehr unterschiedlichen geistigen und religiösen Strömungen (besonders von den Iroschotten und Angelsachsen) in friedlichem Nebeneinander aufgebaut worden war, von der Kirche straff organisiert und in ihrem Sinne durchdrungen. Abweichende Auffassungen galten als frevelhafte Ketzerei, Ungläubige wie die Sachsen bekehrte man mit dem Schwert.

Nicht zufällig wurde damals die lateinische Sprache, also die Sprache einer schon untergegangenen Kultur, zur Einheitssprache erhoben. Ihre glasklare Rationalität und Systematik, erstarrt in einem festen Regelwerk, war vorzüglich geeignet zur Trainierung des Denkens, und wenn in den Klosterschulen Grammatik, Rhetorik, Dialektik als Vorstufe zu höherer Wissenschaft und Philosophie erarbeitet wurden, dann geschah es stets in dem Medium dieser Sprache. Bald war der Gebrauch der heimatlichen Mundart verpönt; lateinisch zu reden, lateinisch zu schreiben, lateinisch zu denken wurde eine Selbstverständlichkeit, und so konnte der geistlich Gebildete mit jedem anderen Geistlichen im Abendland jederzeit in einen Dialog eintreten, gleichgültig, woher er stammte. Internationalität der Bildung und dogmatische Geschlossenheit der Religion bildeten das Fundament der kirchlichen Macht und der vielbeschworenen «Einheit des Christentums», die seit Karl dem Großen zur Leitidee des mittelalterlichen Abendlandes wurde.

Höhepunkt der Entwicklung war die Scholastik des Hochmittelalters, die einerseits die Glaubenssätze des Christentums mit philosophischen Beweisen zu untermauern suchte, andererseits sich intensiv um die Ausbildung möglichst exakter, logisch unangreifbarer Methoden bemühte und dabei an sich selbst die höchsten Ansprüche stellte. Durch sorgfältige Untersuchung der Strukturen und Gesetze der Logik, durch die

Anwendung tragfähiger Beweisverfahren, durch streng geregelte Formen wissenschaftlicher Disputation und vieles andere mehr wurde der Intellekt dialektisch geschliffen und poliert, bis er in höchstem Glanz erstrahlte. Zwar diente er vorerst noch der Theologie, doch das Instrument stand jetzt bereit, um nach dem Anbruch der Neuzeit mit der gleichen Exaktheit und Wissenschaftlichkeit, mit der man sich jahrhundertelang der gedanklichen Durchdringung der Glaubenslehre gewidmet hatte, nun auch an die Erforschung der sichtbaren Welt und ihrer Gesetzmäßigkeiten zu gehen. Das Thema wechselte, aber die methodischen Grundlagen waren längst gelegt.

Daher trat die Naturwissenschaft sogleich einen gewaltigen, unaufhaltsamen Siegeszug an, in dessen Gefolge nicht nur das christliche Abendland, sondern schließlich die ganze Welt mit einem Netz einheitlicher Wissenschaftskriterien, einheitlicher Begriffsbildung, einheitlicher Weltauffassung überzogen wurde. Die religiöse Dogmatik verlor im Abendland allmählich an Bedeutung, der wissenschaftliche Monismus aber entwickelte sich zur beherrschenden Kraft. Er genießt seit dem 19. Jahrhundert weltweit eine Autorität, die fast ebenso unantastbar erscheint wie früher die Autorität der Kirche. Erst in allerjüngster Zeit schlägt das Pendel zurück: Vermehrt regen sich religiös-fundamentalistische Strömungen (vor allem im islamischen Raum), die sich gegen die Allmacht westlicher Denkungsart zur Wehr setzen, freilich so, daß sie den einen Monismus nur durch einen anderen, noch radikaleren ersetzen. Ihr glühender Fanatismus verschafft den luziferischen Mächten einen abermaligen Triumph.

Doch auch die ahrimanischen Mächte – und das macht unsere Situation so widersprüchlich – sind nicht untätig geblieben. Sie stemmten sich mit ihren Mitteln ebenfalls gegen den

Christus-Impuls, arbeiteten aber zugleich den luziferischen Wirkungen entgegen, indem sie nach der langen, das ganze Mittelalter prägenden Vorherrschaft des luziferischen Monismus alles daransetzten, der Menschheit erneut und noch stärker als zuvor den Drang zur Spaltung und Zersplitterung einzuimpfen. Vorbereitet wurde das bereits im 15./16. Jahrhundert, also in der Zeit der Renaissance und des Humanismus, als sich die Volkssprachen einer neuen Wertschätzung erfreuten und endlich von den Gelehrten für würdig erachtet wurden, in sich aufzunehmen, was bisher allein der lateinischen Sprache vorbehalten war, nämlich philosophisch-wissenschaftliche Gedankengänge, ja sogar den geheiligten Text der Bibel, der jetzt, aus dem hebräischen und griechischen Original übersetzt, dem Volk zugänglich gemacht wurde. Dieser Vorgang – so positiv er auch für sich genommen zu bewerten ist – trug wesentlich zur Auflösung der alten christlich-abendländischen Ordnung bei. Denn nun begann das Zeitalter der Glaubenskämpfe, in deren Verlauf die Einheit der germanisch-romanischen Völker zerbrach und eine Vielheit nationaler Staaten sich herauskristallisierte, denen sehr daran gelegen war, ihre Macht und ihren Einfluß in Europa zu vergrößern. Der Glaubensstreit diente ihnen oft nur als Vorwand für handfeste Machtpolitik, und so kam es alsbald zu einer wachsenden Rivalität, die sich in heftigen, langwierigen Kriegen entlud. Das 17. und 18. Jahrhundert waren weithin davon überschattet.

Erst mit der Französischen Revolution schien sich wieder ein menschheitlicher, kosmopolitischer Geist durchzusetzen, der sich in der gesamteuropäischen Bewegung der Aufklärung vorbereitet hatte und jetzt den kühnen Versuch unternahm, den von der Vernunft geforderten Idealen der Freiheit, der Gleichheit und Brüderlichkeit in der politischen Wirklichkeit zum

Durchbruch zu verhelfen. Doch in den Wirren der Revolution und unter dem Eindruck der drohenden Haltung der europäischen Großmächte schlug die Stimmung in Frankreich bald um in einen geradezu rauschhaften Nationalismus, auf dessen Wogen Napoleon sich zum mächtigsten Herrscher seiner Zeit emportragen ließ. Fast ganz Europa mußte sich seiner Herrschaft beugen; und gerade das weckte in den unterworfenen Völkern nicht nur den Widerstandswillen, sondern auch ein neues Selbstwertgefühl. So wurde am Beginn des 19. Jahrhunderts die Flamme des Nationalismus entzündet, die zahllose Menschen mit glühender Begeisterung erfüllte und es ihnen wie auch den nachfolgenden Generationen als ein hohes Ideal erscheinen ließ, wenn sich die Menschheit in Einzelgruppen abschließt, die sich durch gemeinsame Sprache und Kultur von ihren Nachbarn unterscheiden. Jede Nation, so forderte man, müsse das Recht haben, in gesicherten Grenzen, abgesondert von den übrigen Nationen, ihr eigenes Leben zu verwirklichen. *Für Freiheit und Gleichheit der Nationen* lautete der betörende Ruf, der seitdem in der Welt ertönt. Er sorgt immer aufs neue für Krieg und Zerstörung, für Tod und Verderben im Namen eines Ideals und offenbart damit nur zu deutlich seinen eigentlichen Urheber.

Die Sprachmaschine

Mit dem Hinweis auf Napoleons Bedeutung als Wegbereiter des Nationalismus bricht Rudolf Steiners historische Skizze ab. Es gilt nun, die Linien bis zur Gegenwart auszuziehen. Dabei stoßen wir auf ein verschlungenes Ineinanderwirken luziferischer und ahrimanischer Impulse. Auf der einen Seite sehen wir, wie sich der nationale Egoismus im Laufe des 19. Jahrhunderts zu voller Stärke entfaltete, sich mit wirtschaftlichen Interessen verbündete und schließlich einmündete in eine Kontinente überspannende Expansionspolitik imperialistischer Art, die gefährliche Konflikte heraufbeschwor bis hin zum Weltkrieg. Auf der anderen Seite ist zu beobachten, daß die Wissenschaft in derselben Zeit eine ausgeprägte Neigung zu mechanistischen Denkmodellen entwickelte, in denen die ganze Welt, Mensch, Natur und Kosmos, als eine riesige Maschinerie vorgestellt wurde, deren Räderwerk man nur genügend gründlich untersuchen müsse, um ein für allemal zu verstehen, wie es funktioniert. Die Suche nach einer Art Welteinheitsformel der Physik setzte ein. Zugleich begann ein atemberaubender Siegeszug von Technik und Industrie, der die Mechanismen aus den Köpfen der Wissenschaftler und Erfinder in die äußere Wirklichkeit versetzte und dadurch der Lebenswelt der Menschen ein vollkommen neues Gepräge gab: Das Zeitalter der Maschinen brach an, und Millionen Menschen, die als ehemalige Bauern oder Handwerker, besitzlos und sozial entwurzelt, vom Land in die neuen Industriestädte strömten, um dort als Arbeiter einen kümmerlichen Lebensunterhalt zu verdienen, sahen sich gezwungen, ihren gesamten Tages- und Arbeitsrhythmus, ihre Denkweise und ihr Verhalten dem Takt der Maschinen anzupassen.

Das wiederum hatte Folgen für die Sprache: Der lebensvolle Zusammenhang des Denkens mit dem Sprechen, den sich ein großer Teil der einfachen, ungebildeten Bevölkerung auf dem Lande bis zu einem gewissen Grade noch bewahrt hatte, ging verloren, das Denken zog sich nun auch bei der großen Masse des Volkes aus der Sprache heraus und erlag dem Sog der Abstraktion. Intellektuelles Begriffsvermögen, bisher das Privileg einer kleinen, herausgehobenen Bevölkerungsschicht, begann zu einer selbstverständlichen Kulturfähigkeit für jedermann zu werden. Als dann im Zuge der Industrialisierung auch noch die allgemeine Schulpflicht eingeführt wurde, tat sie das ihre dazu, die Menschen vollends von der gemütvollen Konkretheit ihrer bäuerlichen Sprache zu entfernen und sie an trockene Verstandestätigkeit zu gewöhnen. Jetzt war die Bahn frei für die «Entleerung der zivilisierten Sprachen von ihren alten geistigen Inhalten» in wahrhaft globalem Ausmaß. Was sich als Naturgrundlage der Sprachen noch bis in die Neuzeit herübergerettet hatte, wurde «ausgehülst», wie Rudolf Steiner es nennt, und zurück blieb ein Sprechen, das mehr und mehr den Charakter der Phrase annehmen mußte. Jeder Triumph, den Naturwissenschaft und Technik feierten, verstärkte nur diese Leere, denn er steigerte die gewaltige Faszination, die von der Erforschung und Handhabung der physikalisch-materiellen Wirklichkeit ausging, um weitere Grade, so daß sich das Bewußtsein immer ausschließlicher dem Materiellen zuwandte, sich ganz und gar mit ihm erfüllte und alles Geistig-Übersinnliche als schattenhafte Unwirklichkeit beiseite schob. Dementsprechend konnte auch in die Sprache nichts geistig Reales mehr hineingelegt werden; und mit einem gewissen Recht betrachtete man sie nun als ein bloßes Zeichensystem, als einen Code, der auf akustischem oder optischem Wege Informationen vermittelt, selbst aber keinerlei essentielle Bedeutung hat. Echte Geistessubstanz, die aus der Begegnung mit höheren Welten erfließt, konnte und kann die Naturwissenschaft – bei aller Bewunderungswürdigkeit ihrer grandiosen Leistungen – der hohl gewordenen Sprache nicht verleihen. Im Gegenteil: Sie treibt auch noch die letzten Reste geistiger Kraft, die der Sprache verblieben sind, systematisch heraus, wie das folgende Beispiel aus jüngster Zeit belegt:

Unter der Schlagzeile *Computer übersetzt Telephongespräche* meldete die Süddeutsche Zeitung am 18.2.1993: «Ein Computer hat jetzt erstmals Telephongespräche zwischen Forschern aus Amerika, Japan und Deutschland simultan übersetzt. Die Wissenschaftler des Advanced Telecommunications Research Institut International in Kyoto plauderten mit ihren Kollegen der Carnegie-Mellon-Universität in Pittsburgh und der Siemens AG in München. Dabei mußten sie allerdings ihren Wortschatz auf etwa 550 Worte der Alltagssprache und weitere 150 aus dem Fachgebiet der Hotel- und Kongreßbuchung beschränken, weil der Computer nur diese versteht und in die Sprache des Empfängers übersetzen kann.

Wie die SZ bereits berichtete (3.12.92), arbeiten die genannten Experten gemeinsam an einem Übersetzungscomputer, der Kongreßanmeldungen von Teilnehmern aus unterschiedlichen Ländern entgegennehmen und einfache Fragen beantworten soll. Dabei entwickelten die Forscherteams jeweils eigene Übersetzungsprogramme, die dann zusammengeschaltet wurden.

Mit dem bei Siemens entwickelten System C-Star will man erste Erfahrungen sammeln, die dann in ‹Verbmobil›, ein vom Bundesforschungsministerium gefördertes Projekt, einfließen werden. Über 30 Arbeitsgruppen haben es sich dabei zum Ziel gesetzt, in den nächsten zehn Jahren einen tragbaren Dolmetscher zu konstruieren, der Gespräche zwischen Managern simultan übersetzt.»

Daß der Wortschatz bei dem Experiment eingeschränkt werden mußte auf wenige Alltagsworte und bestimmte Fachausdrücke, mag mit dem anfänglichen Entwicklungsstand der Geräte entschuldigt werden. Gleichwohl ist der Umstand verräterisch. Denn die Übersetzungsmaschine dient nicht dem

Zweck, durch die feineren Schwingungen und Nuancen der Sprache hindurch etwas von der individuellen Besonderheit des Sprechers zu erspüren, seinen seelischen Habitus nachempfinden zu können oder gar sich an seine geistige Wesenheit heranzutasten. Was zählt, ist die nackte Information, und die muß ebenso handfest wie eindeutig sein, damit sie maschinell umzusetzen ist, und dazu müssen sich die verwendeten Worte ausschließlich auf Tatsachen der äußeren Welt beziehen, die für alle Teilnehmer die gleichen sind. Ist das der Fall, dann kommt es nicht mehr darauf an, in welcher Sprache der Sachverhalt ausgesprochen wird. Zwar werden in den Kopfhörern der Beteiligten je nach gewünschter Sprache die unterschiedlichsten Laute und Klänge ertönen, aber geistig haben alle dasselbe vor sich. Die konkrete Sprache mit ihrem ganz besonderen Fluidum, ihren unnachahmlichen Farben und Tönen, ihren plastischen Bildern, ihren gedanklichen Figuren und syntaktischen Strukturen wird degradiert zu einem bloßen Vehikel, das den gemeinten Sachverhalt in das Bewußtsein des Hörers zu transportieren hat, im übrigen aber mit der Sache so wenig zu tun hat wie das Taxi mit seinem Fahrgast. Beliebige Austauschbarkeit des Vehikels gehört zum Programm eines «Verbmobil».

Hier verdichtet sich zur letzten Konsequenz, was in der heutigen Sprache als Tendenz längst angelegt ist: ein Leben in den bloßen Mechanismen der Sprache. Da ist es nur folgerichtig, wenn der Anrufer, der sich zum Kongreß anmelden will, am Telefon als Gesprächspartner künftig nicht mehr einen Menschen antrifft, sondern eine sprachenkundige und sprechfähige Maschine, die ihm auf jede sachbezogene Frage präzise Antwort gibt, seine Wünsche registriert und ihn auch noch «herzlich» willkommen heißt, sich für seinen Anruf bedankt und ihm eine gute Reise wünscht, ganz als sei sie ein Mensch aus Fleisch und Blut.

Das Ziel der Widersacher scheint erreicht: Luzifer zieht das Bewußtsein aus der sinnlich realen Sprache heraus und bindet es an vollständige Uniformität, an internationale Normierung der Begriffe, die von differenzierender Vielfalt nichts wissen will, und Ahriman zieht die solcherart entwerteten, geistig ausgehülsten Sprachen herab in den Bereich rein physikalischer Prozesse, wo sie von der Maschine digital erfaßt und verarbeitet werden können. Was übrig bleibt, gleicht einem Gespenst: Sprache, die nur noch den Anschein von Leben erweckt, in Wirklichkeit aber völlig hohl und leer ist.

Diese gespenstische Leere stellt uns als Zeitgenossen vor ernste Fragen: Was bedeutet sie für die Zukunft? Signalisiert sie das Ende aller sprachlichen Entwicklung? Geht Sprache ihrem Untergang entgegen? Oder ruft sie uns auf, die Sprache zu retten und dem Zugriff der Widersachermächte zu entwinden? Aber kann man das Rad der Entwicklung überhaupt noch zurückdrehen? Steht nicht eine ganz neue Aufgabe vor uns?

Die Kraft, die Böses will und Gutes schafft

Wer sich der Sprache verbunden fühlt, den mag wohl tiefe Resignation und Trauer überkommen angesichts der fortschreitenden Entwertung des gesprochenen Wortes, und er wird geneigt sein, darin ein großes Unglück zu sehen, eine Fehlentwicklung, die uns nur zum Schaden gereichen kann. In der Tat gibt es gute Gründe, eine solche Empfindung in sich zu hegen. Auch Rudolf Steiner hat ja betont, daß der ursprüngliche Impuls der Sprache von den luziferischen und ahrimanischen Mächten verdorben wurde, so daß die Menschheit abgebracht worden ist von dem erhabenen Ziel, dem sie im Sinne der Götter eigentlich entgegengehen sollte. Dennoch würden wir der Wahrheit nicht gerecht, wollten wir die Sache nur von dieser Seite sehen. So wahr es ist, daß die luziferischen und ahrimanischen Geister den Gang der Weltentwicklung durcheinandergebracht haben und störend in das Werk der Götter eingriffen, so hat ihr Tun doch keineswegs nur Schlechtes, Negatives bewirkt:

Die luziferischen Geister haben dem Menschen die Gabe verliehen, sich loszureißen von der sinnlichen Erscheinung der Sprache wie auch der Welt überhaupt und das Geistige unabhängig vom Sinnesschein im eigenen Inneren zu erleben. So konnte der Mensch nach Idealen streben, die über die sichtbare Welt hinausführen, konnte sich in Mathematik und Philosophie zur Sphäre des reinen Denkens erheben, konnte Wissenschaft und Kunst entwickeln; kurz, Luzifer wurde zum Kulturbringer der Menschheit. Daher ja auch sein Name «Licht-Bringer»! – Die ahrimanischen Geister sorgten für eine immer größere Differenzierung der zunächst noch sehr einheitlich-gleichförmigen Erdenmenschheit, und indem sie aus den großen Blutsverbänden der Rassen und Völker eine Fülle unterschiedlichster Formen des Menschseins herausentwickelten, schufen sie – wie schon besprochen – die Voraussetzungen für das Freiwerden der Einzelindividualität. So haben auch sie bis zu einer gewissen Zeit einen überaus positiven Beitrag zur Gesamtentwicklung geleistet.

Ganz besonders aber muß hier auf eine Leistung der Widersacher hingewiesen werden, die für die Zukunft der Welt von unschätzbarem Wert sein wird und der gesamten Weltentwicklung eine neue Wende geben kann. Um sie in ihrer Tragweite zu ermessen, muß man sich einmal vorzustellen versuchen, wie die Welt- und Menschheitsentwicklung verlaufen wäre, wenn die Widersacher nicht in sie eingegriffen hätten:

Rudolf Steiner schildert,[38] wie die Menschen unter solchen Umständen nach und nach erfüllt worden wären mit dem ganzen Reichtum kosmischer Weisheit, der ihnen von den guten Mächten zugedacht war. Wäre dann die Entwicklung ungestört an ihr Ziel gelangt, würden sich die Menschen wie selbstverständlich zu einem wunderbaren Mikrokosmos gestaltet haben, der den Göttern die Früchte ihres eigenen Tuns zurückgespiegelt hätte, ohne etwas Fremdes, Verfälschendes hineinzumischen, ohne etwas für sich selbst zurückzubehalten, und so hätten dann die Götter in den Menschen ihr getreues Ebenbild gefunden. Was es jedoch nicht gegeben hätte, wäre ein eigener, wirklich freier Wille gewesen; denn der Segen göttlicher Gaben wäre sozusagen von außen in den Menschen eingeströmt, hätte sich wie eine Naturgewalt über ihn ergossen und ihn in seinen Bahnen mitgerissen, ohne daß er auch nur den Wunsch nach etwas anderem in sich hätte verspüren können, von der Ausführung derartiger Wünsche ganz zu schweigen. Abzuweichen von der vorgegebenen Bahn, sich aufzulehnen gegen Götterwillen und ein eigenes Ziel zu verfolgen, diese Möglichkeit haben erst die luziferischen Geister dem Menschen eingepflanzt.

Man darf darin mit Recht die Neigung zum Bösen sehen. Aber gerade sie hat den Menschen in die Freiheit versetzt, das Gute zu wollen. «Aus demselben Grunde, aus dem verderbliche, nach dem Bösen gehende Begierden erwachsen, erwachsen auch die Bestrebungen nach dem Höchsten, was auf der Erde geleistet werden kann. Und es würde das nicht da sein, für was die menschliche Seele als für ein höchstes Gut entbrennt, wenn es nicht auf der andern Seite möglich wäre, daß dieselbe

Begierde auch nach der andern Seite in das Laster und in das Böse hinuntersinken kann. Daß es diese Möglichkeit in der Menschheitsentwickelung gibt, das ist das Werk der luziferischen Geister. So dürfen wir nicht verkennen, daß die luziferischen Geister für die Menschen Freiheit gebracht haben zugleich mit der Möglichkeit des Bösen. (...) Und dieses Karma mußte die Menschheit in sich aufnehmen, weil der Mensch nur dadurch zur wirklichen Freiheit kommen konnte. Freiheit kann nur dadurch ersprießen, daß der Mensch sich den höchsten Inhalt seines Erden-Ich selber gibt. Dasjenige Ich, das der Mensch haben würde, wenn ihm alle Ziele am Ende der Erdentwickelung gegeben würden, kann nicht frei sein; denn es ist von vornherein bestimmt gewesen, alle Güter der Erdentwikkelung in die Menschen einfließen zu lassen. Frei werden konnte der Mensch nur, indem er zu diesem Ich ein anderes, irrtumfähiges Ich hinzuschafft, das in der Lage ist, immer wieder und wieder nach der Seite des Guten und nach der Seite des Bösen zu pendeln und das immer wieder hinaufstreben kann zu dem, was der Inhalt aller Erdentwickelung ist. Das niedere Ich mußte dem Menschen beigegeben werden durch Luzifer, damit das Hinaufarbeiten des Menschen zum höheren Ich seine ureigenste Tat sein kann.»[39]

Die neue Sprachlosigkeit

Einer solchen ureigensten Tat des Menschen bedarf es heute auch gegenüber der Sprache, die mehr und mehr leichnamhaft zu werden beginnt, wenn sie sich selbst überlassen bleibt. Sie hat das Ende ihres naturgegebenen Entwicklungsweges erreicht; die ihr innewohnende Plastizität und Bildekraft erstarrt, das Leben weicht, und keine Gottheit findet sich mehr, ihr neues Leben einzuhauchen. Ihr Sterben schreitet unaufhaltsam voran, und längst fragen sich ratlose Kritiker, ob es denn gar kein Mittel gibt, dem zu begegnen. Eines kann man auf dem Hintergrund des bisherigen Entwicklungsganges mit Sicherheit sagen: Kein Rettungsprogramm der Welt, und sei es noch so klug erdacht, wird in der Lage sein, den Verfall der Sprache aufzuhalten. Denn es gibt heute nur noch eine einzige Kraft, aus der die Sprache neue Impulse empfangen kann, und das ist das menschliche Ich. Freilich ist damit nicht das gewöhnliche Alltags-Ich gemeint, das als erdverhaftetes Ego unter dem Einfluß von Luzifer und Ahriman steht, sondern jenes höhere Ich, zu dem sich der Mensch aus freiem Willen hinaufarbeiten kann, indem er sich selbst ergreift und vollbewußt den Schritt über die Schwelle der sinnlichen zur übersinnlichen Welt vollzieht, wohl wissend, welche Hindernisse ihm die Widersacher dabei entgegenstellen. Gelingt der Schritt, so daß der Mensch mit seinem Ich real in der übersinnlichen Welt darinnensteht, dann wird er echte Geistessubstanz in seine Worte fließen lassen, Substanz, die ihnen wieder Inhalt gibt. Hier beginnt Sprache neu zu leben.

Jedoch wäre es ein Trugschluß zu meinen, daß Sprache durch solche Aktivität insgesamt in ihren alten, geisterfüllten Zustand zurückversetzt werden könnte. Die Entwicklung kehrt nicht in die Vergangenheit zurück: Die Zeit, in der Sprache noch wie eine gemeinsame Atemluft erlebt wurde, die jeden freundlich umhüllte und der man sich nur hinzugeben brauchte, um sofort mit anderen Menschen verbunden zu sein, ist endgültig vorüber. Sprache bietet – radikal gesprochen – aus sich heraus gar nichts mehr, und diese Tatsache tritt aufmerksamen Beobachtern auch immer deutlicher ins Bewußtsein. Nicht ohne Grund mehren sich in den letzten Jahren die Stimmen besorgter Kritiker, die den erschreckenden Verlust an sprachlicher Kultur beklagen und auf die geradezu epidemisch um sich greifende Beliebtheit glitzernder Wortfassaden in unserer modernen Industriegesellschaft aufmerksam machen. Der Freiburger Germanist Uwe Pörksen meint sogar einen neuen Typus von Wörtern ausgemacht zu haben, die er in Anlehnung an das bekannte LEGO-System mit der Bezeichnung «Plastikwörter» belegt und als «Sprache einer internationalen Diktatur» brandmarkt.[40] Die Beispiele, an denen er das vorführt (wie *Kommunikation*, *Beziehung*, *System*), zeigen stets die gleiche Eigenart: Auf den ersten Blick versprechen sie einen prächtigen Inhalt, enthalten aber de facto so gut wie nichts, was konkret benannt werden könnte. Sie täuschen den Benutzer wie eine Konservenbüchse, die auf ihrem farbenfrohen Etikett ein leckeres Gericht verheißt und innen Luft enthält.

Während die Philologen noch das Problem analysieren, hat die Wirklichkeit sie schon überholt. Inzwischen nämlich hat der Sprachverlust bereits eine letzte, äußerste Stufe erreicht, die man noch vor wenigen Jahren für unmöglich gehalten hätte: Sprache geht überhaupt verloren, man spricht nicht mehr miteinander. Der Pädagoge Joachim Kutschke beschrieb dieses Phänomen kürzlich so:

«Ob zu Hause, am Mittagstisch, ob unterwegs im Auto, in deutschen Familien oder dem, was davon übrig ist: Es wird beharrlich geschwiegen. Allenfalls funktionale Anweisungen sind noch üblich: ‹Komm nicht so spät!›, ‹Laß das!›, ‹Beeil dich!›. Die binären Antworten der Kleinen: Ja. Nein. Ja. – Ende des Dialogs. (…) Auch in der Schule tropfen den Kids nur noch (Schlag-)Wörter aus den Mündern. Differenzierte

Gedanken, Argumente sind kaum mehr zu haben. Statt dessen lust- und frustvolle Gefühlsausbrüche: ‹Wahnsinn!›, ‹Kotz-Würg!›, ‹Ich glaub', ich spinne.› (...) Es scheint, als seien ihre Erlebnisse und Erfahrungen keine Sprechanlässe mehr, nichts, was sie zur Artikulation eigener Empfindungen und Gedanken anregen könnte. Diese Generation ist maulfaul geworden, hat nicht das Bedürfnis, sinnvoll miteinander zu reden. Was sie mühsam hervorpressen, sind stereotype Worthülsen. (...) Auch beim Schreiben, beim Erfinden und Phantasieren gehen ihnen die Worte aus. Was bleibt, sind Sprechblasen, Werbesprüche, Klischees. Phantasie und Sprache werden zugeschüttet.

Aber warum? (...) Sprache lernt man zuallererst von den Eltern. Die jedoch haben heute viel zu tun, sie reden selbst nicht mehr viel, haben sich oft nichts zu sagen. ‹Meine Alten hocken jeden Abend vor der Glotze. Er trinkt sein Bier, sie knabbert Salzstangen.› Wer schon als Kleinkind vom Babysitter Fernsehen verwöhnt und ruhiggestellt wurde, der schweigt offenbar auch, wenn er älter wird. Machen uns also die Massenkommunikationsmittel mehr und mehr mundtot, produzieren sie eine Generation stummer Zombies? Wo immer sich junge Leute vergnügen, sind sie zum Schweigen verdammt – im Kino, im Open-Air-Konzert, in der Disco, beim Video, vor dem Fernseher und dem Computer. Sie werden bis zur Bewußtlosigkeit beschallt, es wird auf sie eingeredet – nur selbst etwas sagen: Das brauchen, dürfen sie nicht.»[41]

Man könnte gegen Kutschkes Darstellung einwenden, daß sie in erster Linie Phänomene beschreibt, die typisch sind für die pubertäre Krisensituation, die jeder Jugendliche in der einen oder anderen Form durchläuft.[42] Leider aber zeigt sich heute auch schon bei viel jüngeren Kindern eine zunehmende

Unfähigkeit, Sprache überhaupt noch zu verstehen und sich in ihr zu artikulieren. So berichtete beispielsweise Konrad Adam in der Frankfurter Allgemeinen Zeitung:

«Seit einiger Zeit läßt eine ältere Grundschullehrerin den Unterricht in ihrer ersten Klasse mit einer sonderbaren Lektion beginnen. Sie verlangt von den Sechsjährigen, sich zu erheben, zum Fenster zu gehen, es zu öffnen, dann wieder zu schließen, an ihren Platz zurückzukehren und über das, was sie getan haben, kurz und verständlich zu berichten. Als einige Eltern sich verwundert und leicht vorwurfsvoll nach dem Sinn dieser Übung erkundigten, berief sich die Lehrerin auf neue, ungewohnte Erfahrungen. Die Kinder hätten große Schwierigkeiten, eine Anweisung zu verstehen, sie auszuführen und über das Geschehene Auskunft zu geben. Wer noch in heilen, inzwischen also untypischen Verhältnissen großgeworden sei, könne sich gar nicht vorstellen, in wie vielen Familien heute tage- und wochenlang kein Wort mehr gesprochen werde. Die Fähigkeit, zu erzählen und zuzuhören, Argumente gegeneinander abzuwägen und rational zu entscheiden, gehe langsam verloren, von antiquierten Sprachformen wie Lied, Gebet und Zuspruch ganz zu schweigen. (...) Man muß kein Kommunikationsfanatiker sein, um diese Entwicklung als bedrohlich zu empfinden. Sprache gilt seit jeher als die vornehmste Eigenschaft der Menschen. Wenn diese Gabe verkommt, wenn sie in einer Flut von Informationen und Entertainment untergeht und sich die Menschen darauf beschränken, ihre Dialoge mit Maschinen zu führen, dann sieht es für die Zukunft der Gesellschaft düster aus.»[43]

Die Katastrophe, die hier beschworen wird, wäre in der Tat das Ende eines menschheitsgeschichtlichen Entwicklungsweges von Jahrtausenden, und es hat den Anschein, als ob sie unaufhaltsam näherrückt. Schon melden Ärzte alarmierende Befunde: Jedes fünfte Kind hierzulande ist sprachgestört! Vielfach weist die kindliche Gehirnentwicklung mangels differenzierten Sprachvermögens schwere Defizite auf![44] Deutschlehrer, die für die Sprachpflege bei den Kindern sorgen sollen, treten ihren Beruf selbst schon mit schweren Sprach- und Stimmstörungen an: Bei einer Untersuchung von 310 Lehramtsbewerbern 1993 in Essen zeigten «nicht weniger als 60,6 % eine *Sprech- und / oder Stimmstörung,* die nach der Reichsversicherungsordnung als Krankheit anerkannt ist!»[45]

Wende der Sprachgeschichte

Von der Tragik und dem Gewicht solcher Tatsachen soll nicht das geringste weggenommen werden; man kann nur mit dem größten Ernst auf sie blicken. Mut für die Zukunft allerdings gewinnen wir aus dieser Betrachtung nicht. Den finden wir erst, wenn wir auf den viel größeren menschheitsgeschichtlichen Zusammenhang schauen, in den sich die Sprachnot der Gegenwart einordnet: Alles, was wir heute als Untergang der Sprache beklagen, erweist sich, von der Zukunft her gesehen, als Katalysator für einen vollständig neuen Entwicklungsschritt des Menschen. Wie ein Samenkorn in der Erde verfaulen und absterben muß, damit die in ihm verborgene Keimkraft geweckt wird und eine neue Gestalt hervortreibt, so liegt auch in dem Sterben der Sprache, bei allem Widrigen und Furchtbaren, das es mit sich bringt, eine höhere Notwendigkeit: Es ruft im Menschen den Willen wach, ja zwingt ihn geradezu, wo vorher Götter tätig waren, nun selbst tätig zu werden und der Sprache ganz aus eigener Kraft Leben und Gestalt zu geben.

Das beginnt bereits beim Akt des Sprechens selbst. Wenn die bisherige Entwicklung sich fortsetzt und der Massenkonsum elektronischer Medien nebst aller anderen Zerstreuungshektik dazu führt, daß die Menschen sich nichts mehr zu sagen haben, keine Gespräche mehr führen, ihre Gedanken nicht mehr austauschen, dann gerät das Sprechen sehr bald aus der Gewohnheit, und um so mehr Überwindung kostet es dann, den Mund zu öffnen und seine Sprechwerkzeuge zu benutzen. Was früher so selbstverständlich und mühelos von den Lippen glitt, das ringt sich jetzt nur widerwillig hervor. Ein regelrechter Entschluß muß den Worten vorausgehen, wenn sie überhaupt noch ertönen sollen, und das heißt: Der Mensch muß die Sprache wollen, oder es gibt sie nicht mehr.

Doch fängt das Problem damit erst an: Wer schon das Hervorbringen sprachlicher Laute als ein besonderes Ereignis empfindet, das Mut verlangt, der wird sich doppelt und dreifach überwinden müssen, wenn aus seinem Munde nicht nur einige Schlagworte kommen sollen, Worthülsen, Satzfetzen, Sprachschutt irgendeiner Art, sondern zusammenhängende Sätze, die, mit weiteren Sätzen verbunden, einen wohlgeordneten Gedankengang ergeben. Differenzierte, syntaktisch gegliederte Ausdrucksweise gehört nicht mehr zu den Selbstverständlichkeiten unserer Zeit; einem großen Teil der Bevölkerung steht sie gar nicht mehr zu Gebote, und wo sie noch als Ziel gesehen wird, da muß sie langwierig geübt und ausgebildet werden. Immer größere Kraftanstrengung ist erforderlich, um auch nur das Minimum zu erreichen, das einige Jahrzehnte zuvor fast mühelos gehaltener Standard war – von höheren Ansprüchen künstlerischer Art gar nicht zu reden. So nötigt uns der Sprachverfall, je länger desto mehr, ein gerütteltes Maß an Willensenergie ab.

Das gilt erst recht für denjenigen, der sich nicht damit begnügen möchte, Sprache auf dem bisherigen intellektuellen Niveau zu halten, sondern der den Versuch unternimmt, aus einem ernsten Ringen um wahre Spiritualität der Sprache jene innere Substanz zu geben, die sie braucht, um ihre alte, menschenverbindende Kraft zurückzugewinnen. Da ist der ganze Mensch gefordert, um mit allen Kräften seines Denkens und Fühlens, mit allen Fasern seiner Willensnatur sich selbst in die Hand zu bekommen und über sich hinauszuwachsen. Eine lebenslange Schulung kann notwendig sein, bis der ersehnte Durchbruch gelingt, der die geistigen Quellen erschließt und auch der Sprache wieder Kraft gibt. Doch ist es dann nicht mehr die alte Kraft, die in ihr wirkt. Es ist eine neue, die ihr ganz allein aus dem Individuum zukommt, von ihm erstrebt, von ihm errungen, von ihm verantwortet, und dennoch eine Kraft, die das Individuum nicht aus sich selber, aus seinem gewöhnlichen Erden-Ich schöpft, sondern die es durch sein Darinnenstehen in den höheren Welten der sinnlichen Sprache zuströmen läßt. Eine neue Ära der Sprachgeschichte hebt an, in der alles, was als Sprache ertönt, angefangen von der leiblichen Tätigkeit der Artikulation bis hin zur inneren Kraft der Worte, aus dem Ich des Menschen hervorgehen muß, durchglüht von dem Feuer seines Willens, durchseelt von der Lebendigkeit seines Fühlens, durchstrahlt von dem Licht seiner Gedanken. Was an der Sprache nicht persönliche Leistung, individuelle Tat geworden ist, verfällt dem Zerstörungswerk der Widersacher.

Hier lernen wir die Tätigkeit der Widersacher von einer anderen Seite kennen: Durch die Entleerung und den Zerfall der

Sprache schaffen sie fortwährend Raum für die Initiative des Menschen, fordern sein Ich zu gesteigerter Tätigkeit heraus und tragen damit Entscheidendes bei zur geistigen Höherentwicklung der Menschheit. Denn jede Individualität, die sich dem Götterwerk der Sprache verschreibt, durchdringt sich mit den freigewordenen Sprachbildekräften, die erhabene geistige Schöpferwesen einst in den Menschen gelegt haben, und wächst dadurch in eine Aufgabe von wahrhaft weltgeschichtlichen Dimensionen hinein. Es ist ein Schritt der Freiheit, der solcherart geschieht, und zwar im doppelten Sinne: Er muß nicht vollzogen werden; es bleibt dem einzelnen überlassen, ihn zu tun oder nicht. Entschließt er sich aber dazu, dann setzt er dem Wirken der Widersacher eine freie, schöpferische Tat entgegen, die die Welt verändert und den Widersachern ein gutes Stück von ihrer Macht entzieht.

So haben die luziferischen und ahrimanischen Geister ungewollt sich selbst den mächtigsten Gegner großgezogen, der ihnen die Herrschaft streitig machen kann, und sie selbst haben ihm die Bahn bereitet, auf der voranschreitend er die Möglichkeit gewinnen wird, in der Zukunft Sprache dahin zu wenden, wohin sie nach dem Willen der guten Mächte ursprünglich hatte gelangen sollen, nämlich zu einem innigen Verwobensein von Wort und Ich. Wo das Wort ganz und gar von der Individualität ergriffen und gestaltet, belebt und erfüllt ist, da wird Sprache zu einem Ich-Ereignis, sowohl von seiten des Sprechers, der sich das erringt, als auch von seiten des Hörers, dem in jedem Laut, in jeder Wendung das tätige Ich des Sprechenden entgegentönt. Da wird Sprache wieder Brücke sein von Mensch zu Mensch, auf der das eigene Ich dem fremden Ich begegnet, und in dieser Begegnung wird sich etwas außerordentlich Bedeutsames ereignen: Indem der eine den Zugang zum geistig-seelischen Wesen des anderen findet und sich liebevoll hineinzufühlen versucht in alles das, was der andere aufgrund seiner Persönlichkeit geschaffen und aus sich selbst heraus erarbeitet hat, erlebt er etwas von dem unendlichen Reichtum und der wunderbaren Fülle der geistigen Welt, die sich in diesem Menschen in einer konkreten, unverwechselbaren Gestalt zur Erscheinung bringt. Kürzer gesagt: Er begegnet der Wahrheit im anderen Menschen. Und diese Wahrheit kann keine abstrakte sein, überall und jederzeit gültig im Sinne des luziferischen Einheitswahns, sondern sie wird mit all ihrer Mannigfaltigkeit und Vielschichtigkeit eine vollkommen individuelle, individualisierte Wahrheit sein. Wo sie in der Begegnung von Ich zu Ich in die eigene Seele aufgenommen wird, da verwirklicht sich der Christus-Impuls. Wir erinnern uns der Äußerung Rudolf Steiners: Wahrzunehmen, «daß die Wahrheit in jeder Menschenseele liegt, das ist das tief Christliche».

Das gesteigerte Wüten der Widersacher in der Gegenwart wird uns jetzt verständlicher: Sie haben befördert, was sie verhindern wollten. Durch ihr Aufbäumen gegen den Christus-Impuls haben sie Tatsachen geschaffen, die den Menschen immer mehr dazu drängen, sich als Ich-Wesen mit dem Wort zu verbinden, und wo das in selbstloser Weise um des Wortes willen geschieht, da fallen die unsichtbaren Mauern zwischen den Menschen, und es stößt der eine im anderen auf «die Wahrheit und das Leben», das durch seine Worte tönt; er begegnet dem wirkenden Weltenwort, das in den Herzen der Menschen Wohnung genommen hat.

Dennoch bleibt den Widersachern genügend Raum, ihren zerstörerischen Neigungen nachzugehen. Denn noch ist das Ziel vollkommen ichhaften Sprechens nicht erreicht; wir stehen erst am Anfang einer Entwicklung, und diese Entwicklung muß nicht mit Naturnotwendigkeit kommen. Es liegt in der Freiheit des Menschen, die Sprache verfallen zu lassen und hinzunehmen, daß sich die Widersacher in der verlassenen Sprache einnisten, um von dort aus die Welt mit Tod und Verderben zu überziehen, wie es im 20. Jahrhundert bereits in erschreckendem Maße geschehen ist. Soll sich daran etwas ändern, muß der innere Zusammenhang von Sprachentleerung und Zerstörungsdrang ins Bewußtsein gehoben werden und zu einer kulturbestimmenden Einsicht werden. Deshalb möchte ich im folgenden darauf noch etwas genauer eingehen.

Ich-Leere als Herd der Zerstörung

Die beschriebene Wende der Sprachgeschichte hat, auch wenn vieles an ihr noch recht zukünftig anmutet, schon jetzt weitreichende Konsequenzen für unseren Umgang mit dem gesprochenen und geschriebenen Wort. Seit Urzeiten ist es die Menschheit gewöhnt, sich im täglichen Miteinander von dem inneren Leben der Sprache tragen zu lassen, von ihrer Substanz zu zehren, und die Gewohnheit sitzt so tief, daß auch heute, wo das Leben längst aus ihr gewichen ist, noch immer die Neigung herrscht, den Worten eine erfüllte Realität zuzuschreiben. Es bedarf eines deutlichen Bewußtseinsruckes, um wahrzunehmen, daß Sprache aus sich heraus weitgehend leer geworden ist und nur noch das zum Inhalt haben kann, was der einzelne Mensch kraft seiner Persönlichkeit als geistige Potenz in sie hineinlegt.

Das aber bedeutet: Es gibt keine allgemeine, über den Menschen stehende Sprachkraft mehr, die sich von Generation zu

Generation vererbt und sozusagen mit der Muttermilch aufgesogen wird. Was eine Persönlichkeit einmal als Kraft hineingearbeitet hat, das bleibt der Sprache nicht erhalten, sondern muß von den Nachfolgenden immer wieder neu errungen werden! Solange hinter den Worten die ringende, strebende Individualität mit ihrem ganzen Bemühen und ihrer Ausstrahlung steht, solange sind sie von Kraft und Realität erfüllt. Ist das nicht mehr der Fall, bleiben die Worte gewissermaßen wie ein Denkmal stehen.

Nun können natürlich auch Denkmäler zunächst noch einen starken Eindruck auf die Zeitgenossen machen. Eine vollgültige Wirklichkeit kommt ihnen gleichwohl nicht mehr zu, und je mehr Zeit darüber hingeht, desto mehr verflüchtigt sich ihr inneres Leben, die Worte werden wiederum hohl und verblassen zu einem Schatten dessen, was sie einmal waren. Gerade das aber läßt sie dann zu einer großen Gefahr für die Menschheit werden, denn solche Schattengebilde ziehen die Widersacher an und geben ihnen willkommene Gelegenheit, unbemerkt ihr Zerstörungswerk zu betreiben. Nichts ist ihnen lieber, als wenn die Nachwelt die Worte einer großen Persönlichkeit unverändert festhält, sie zum Dogma erhebt und sich dadurch die Anstrengung erspart, selbst zu den Quellen vorzustoßen, aus denen sich die Gedanken des verehrten Meisters speisten. Denn dann herrscht in den Köpfen wie in den Worten nicht die Gegenwart individuell errungener Geisterfahrung, Geistes-Gegenwart im umfassendsten Sinne, sondern Geistes-Vergangenheit, sprich: die Hinterlassenschaften eines fremden Geistes, die nicht zum selbsterkämpften Eigentum geworden sind, leere Wort- und Gedankenhülsen, in denen kein Ich mehr wohnt. In sie schlüpfen die Widersacher hinein, und fortan können sie im Menschen selbst, unter seinem

Wachbewußtsein verborgen, ihr Wesen treiben und aus den Meisterworten etwas ganz anderes machen.

Anläßlich einer ausführlichen Zeitbetrachtung im Sommer des Jahres 1919 hat Rudolf Steiner diesen Vorgang am Beispiel des Philosophen Hegel exemplarisch dargestellt:

«Unter den Schülern dieses Hegel war auch *Karl Marx,* der Begründer der gegenwärtigen sozialistischen Weltanschauung in einer ihrer Ausgestaltungen. Dieser Karl Marx ist unter dem Einfluß des Hegeltums völligster Materialist geworden, sogar mit Bezug auf die geschichtliche Anschauungsweise. Ganz normal aus dem Hegeltum sich herausentwickelnd ist Karl Marx zum Anti-Hegel geworden. Das Hegeltum hat vollständig, wenn man in seiner eigenen Sprache sprechen will, in sein Gegenteil umgeschlagen.

Ja, woher rührt denn so etwas? So etwas rührt davon her, daß eine solche Anschauungsweise, wie sie Hegel herausgestaltet hat aus seinem Innern, und die die geläutertste, verdünnteste Geistigkeit in Form der logischen Menschenvernunft ist, daß so etwas überhaupt nur in der geschichtlichen Entwickelung gesund bleiben kann, wenn es sich in einer einzelnen persönlichen Individualität entwickelt. Schon der Schüler kann nicht mehr eine gesunde Geistigkeit entwickeln, und in der dritten Generation wird eine solche Anschauung bereits zum völlig ungesunden Element, wenn man dogmatisch darauf schwört. Deshalb habe ich Ihnen das letztemal gesagt, daß (...) man zum Beispiel sich vertiefen soll in das Hegeltum, aber nur davon lernen soll, wie auch von dem Goetheanismus, seinen eigenen Geist zu befruchten, selber in dieses Element des Denkens und Anschauens hineinzukommen, und dann muß man den Weg verlassen und sich weiterbilden auf demselben Wege. (...)

Die gegenwärtige Menschheit ist ja so, daß sie so sehr an etwas glauben möchte, daß sie so ungeheuer froh ist, wenn sie etwas vor sich hinstellen kann, oder etwas hören kann, worauf sie dann als auf das Meisterwort schwören kann. Und wenn sie darauf schwört, so schadet das am allermeisten, denn die wichtigste Forderung der Gegenwart ist diese, daß der Mensch seine freie Geistigkeit entwickeln muß. Und in dem Augenblick, wo er sündigt gegen die Freiheit seines Urteils, macht er sich zu gleicher Zeit krank. In der Gegenwart kann der Mensch gar nicht anders, es ist das ein historisches Faktum, er kann nicht anders, wenn er auf die menschliche Höhe kommen will, als sich innerlich freimachen. Es ist mehr als eine Vision, wenn man folgendes sagt: Man denke sich den Inhalt der Hegelschen Philosophie als eine Art Geistesschema, als eine Art Ätherleib in die Welt eintretend, arbeitend in ihrer rein logischen Substantialität. Denkt man sich dieses Geistgespenst über die Welt hinfegend, dann würde man das Vorbild haben für das, was physisch aufgetreten ist in den letzten vier bis fünf Jahren als die europäische Weltkatastrophe. Was im Seelischen wirksam war als ein Höchstes in dem Hegeltum, das nimmt sich im physischen Leben aus als dieses Schrecknis der Weltkriegskatastrophe in den letzten vier bis fünf Jahren. Man muß schon den Mut haben, in diese geistigen Zusammenhänge hineinzuschauen.»[46]

Es ist bekannt, daß Hegels Vorlesungen eine erstaunliche Wirkung auf seine Hörer hatten. Wie magisch angezogen versammelten sich Studenten verschiedenster Nationen und Geistesrichtungen, Anhänger der reaktionären Rechten ebenso wie glühende Verfechter der radikalen Linken, in großer Zahl vor seinem Katheder, um mitzuerleben, wie sein unerhört produktiver Geist vor ihren Ohren allein aus der Kraft der menschlichen Vernunft ganze Weltgebäude entstehen ließ, die Himmel und Erde, Zukunft und Vergangenheit umfaßten. Da wurde in mitreißender Begeisterung die Präsenz eines tätigen, aus sich selbst heraus schöpferischen Ich wahrgenommen, und ebendas verlieh den ausgesprochenen Worten zwingende Realität, der sich offenbar niemand entziehen konnte.

Denkt man sich aber die Produktionen dieses großen Geistes ohne das Ich ihres Schöpfers, dogmatisch erstarrt und als Lehrmeinung tradiert, dann müssen sie zu leeren Gebäuden werden, die zwar mit ihren grandiosen Dimensionen noch immer imposant erscheinen, von innen aber nicht mehr menschlich erfüllt sind, nicht mehr durchdrungen sind von individuellem Leben – menschliche Räume sozusagen, aus denen sich der Mensch als Mensch zurückgezogen hat. In solchen Räumen der Nichtmenschlichkeit fühlen sich die Geister der Unmenschlichkeit zu Hause, und je weniger die Leere den Menschen zu Bewußtsein kommt, desto sicherer wissen diese Geister aus ihrem Versteck heraus das Denken und Handeln vermeintlich unabhängiger Persönlichkeiten so zu dirigieren, daß es in der äußeren Welt Furchtbares anrichtet, auch wenn subjektiv gar keine böse Absicht vorlag. Da finden dann, scheinbar ganz von selbst, als handele es sich um ein gottverhängtes Schicksal, die grauenhaften Materialschlachten des Ersten Weltkrieges statt, in denen das «Menschenmaterial» (wie man es allen Ernstes nannte) dem modernsten Vernichtungsgerät ausgeliefert wird, da inszeniert an der Westfront ein deutscher Generalstabschef namens Falkenhayn mit eiskaltem Kalkül die «Aktion Blutpumpe» in Verdun, die außer dem Tod von über 600.000 Menschen militärisch nichts bewirkt, da fegt im Osten mit Billigung der deutschen Heeresleitung der Marxismus-Leninismus über die Menschheit hin und lebt nach dem

Kriege fort als Stalinismus, als Staatssozialismus, als sozialistischer Internationalismus bis in unsere Tage. Es braucht hier nicht ausgemalt zu werden, welch unsägliches Zerstörungswerk diese hohlen Worte hinterlassen haben.

Indessen ist das Hegelsche «Geistgespenst» nicht das einzige gewesen, das verheerend in den Verlauf des 20. Jahrhunderts eingegriffen hat. In derselben Zeitbetrachtung, aus der oben zitiert wurde,[47] nennt Rudolf Steiner noch ein weiteres, nicht weniger markantes Beispiel, auf das er während der Kriegsjahre gestoßen war und das ihn persönlich ganz besonders betroffen machte. Er hatte damals intensiv die literarischen Werke des amerikanischen Präsidenten Woodrow Wilson studiert, vor allem dessen Vorlesung über die Entwicklung der Vereinigten Staaten, und was er dort las, faszinierte ihn ungewöhnlich stark, ohne daß er sich zunächst die Wirkung erklären konnte. Dann aber mußte er eine sehr merkwürdige Entdeckung machen:

«Ich bin nachgegangen den Beschreibungen, wo er seine Geschichtsmethode selbst darstellt. Da stellte sich mir etwas sehr Eigentümliches heraus: Aus diesem durch und durch amerikanisch gearteten Mann fließen Sätze heraus, die mir fast wörtlich übereinstimmend schienen mit Sätzen eines ganz anderen Mannes, der wirklich aus ganz anderer Lebens- und Denkergesinnung heraus sich entwickelt hat. Man könnte Sätze von Woodrow Wilson in seinem Aufsatze über Methodik der Geschichte, die bei ihm solch gute Früchte getragen hat, wörtlich herübernehmen in Aufsätze von *Herman Grimm,* der nun ganz in der neuzeitlichen Goethe-Entwickelung drinnensteht, der nun aus dieser Goethe-Entwickelung als ein wirklich durch und durch mitteleuropäisch-deutscher Geist dasteht. Man könnte sagen: Man braucht nur Sätze herauszuheben aus

Herman Grimms Aufsätzen, sie herüberzusetzen, und von Woodrow Wilson Sätze herübernehmen in Herman Grimms Aufsätze, man würde dem Wortlaute nach gar keine großen Veränderungen finden.»[48]

Eine bewußte oder unbewußte Entlehnung von seiten Wilsons war mit Sicherheit auszuschließen. Und dennoch blieb die frappante Tatsache einer fast vollständigen Übereinstimmung bis in Wörter und Wendungen hinein, obwohl die beiden Menschen aus völlig unterschiedlichen, ja sogar gegensätzlichen Konstitutionen heraus gesprochen haben. Steiner zog daraus den Schluß:

«Man lernt an einer solchen Erfahrung dasjenige, was ich nun mit trivialen Worten ausdrücken will, aber ich will etwas sehr Bedeutsames dadurch ausdrücken, man lernt: Wenn zwei dasselbe sagen, ist es nicht dasselbe, sei es auch dem Wortlaute nach übereinstimmend.

Dasjenige, was man daraus lernen muß, ist, daß man sich einzuleben hat nicht bloß in den Wortlaut, der durch die Sprache gegeben ist, sondern in den ganzen Menschen. Dann wird man das spezifisch Verschiedene Herman Grimms und Woodrow Wilsons finden, dann wird man finden, wie bei Grimm jeder einzelne Satz erarbeitet ist mit voller Bewußtseinsseele, wie das Fortschreiten (...) wahrlich so ist, daß man sieht, von einem Satz zum anderen schreitet er fort im inneren Seelenkampf, so daß nichts unbewußt bleibt, sondern alles in das Bewußtsein hereingedrängt wird. Man hat immer zu tun mit diesem innerlichen Fortschreiten der Seele.»[49] – «Wenn man Herman Grimms Stil verfolgt, alles, was er geschrieben hat, da sieht man: Jeder Satz ist persönlich individuell erkämpft, von Satz zu Satz alles persönlich individuell erkämpft.»[50]

Und was lag bei Woodrow Wilson vor? Steiner bemühte sich mit den Mitteln des Geistesforschers um eine sorgfältige, vorurteilslose Untersuchung, und nach gründlicher Prüfung kam er zu dem Ergebnis, daß der Mensch Wilson eigentlich gar nicht anwesend ist bei dem, was er sagt. Nicht seine Individualität spricht, die sich solche Sätze hart errungen hat, sondern ein ganz anderes geistiges Wesen spricht aus ihm; aus dämonischen Untergründen tönt es herauf, und gerade dadurch werden die Worte so eigentümlich faszinierend, so suggestiv und mitreißend. Sie klingen wie die eines vollbewußten Ich, sind es aber nicht.

Diese Erfahrung wurde für Steiner zu einem Schlüsselerlebnis, das ihm schlagartig erhellte, in welcher Weise die Widersachermächte sich im 20. Jahrhundert der Sprache bemächtigen, um durch sie auf die Menschheit zu wirken. Immer wieder hat er darüber in Vorträgen vor verschiedenem Publikum berichtet,[51] und 1919 formulierte er rückblickend das Erlebnis in der erwähnten Zeitbetrachtung so:

«Es ist für mich sehr interessant gewesen – so sagte ich ja oftmals –, daß, als ich die Geschichte betrachtete und die Literaturbetrachtungen Woodrow Wilsons las, daß ich bei Woodrow Wilson manchmal für mich wörtlich klingende Anklänge an Herman Grimm fand. Dennoch sind sie durchaus nicht abgeschrieben, denn Woodrow Wilson würde vielleicht gar nicht einmal etwas verstehen, wenn er Herman Grimm lesen würde. Aber wer Sinn hat für so etwas, der merkt bei Wilson etwas höchst Eigentümliches. Er merkt bei Wilson, daß dieser Mann so redet, wie wenn eigentlich etwas phonographisch abliefe, wie wenn das Bewußtsein nicht ganz dabei wäre bei seinem Reden, und wie wenn ein im Unterbewußten waltender Dämon das alles, mit Ausschaltung der eigentlichen

Persönlichkeit des Woodrow Wilson, heraufsprudeln würde, was sich dann wie mechanisch in die Worte und Satzfügungen kleidet. Man glaubt, mit Ahriman selber zu reden, der in den Untergründen der Woodrow Wilsonschen Seele waltet, wenn man Woodrow Wilson liest. – Herman Grimm ist dabei, bei jeder einzelnen Satzprägung, da liegt immer die ganze Persönlichkeit drinnen; Woodrow Wilson ist ganz weg, da redet ein Dämon in den Untergründen der menschlichen Seele, durch menschlichen Mund. Wer das nicht weiß, der versteht die für die gegenwärtige Weltbetrachtung wichtigsten und wesentlichsten Zusammenhänge gar nicht.»[52]

Jetzt erst zeigt sich die tiefere Ursache für die ungeheure Faszination, die von Wilsons politischen Ideen seinerzeit ausging und besonders seinem 14-Punkte-Programm eine solche Durchschlagskraft verlieh. Das alles war nicht aus dem Ich heraus gesprochen, sondern von ganz anderen Mächten inspiriert, die wußten, wie man die Welt betört, um sie blind zu machen für die wahren Absichten der Widersacher: Da wurde der Menschheit gesicherter Frieden, Freiheit und Demokratie verheißen, wenn sie bei der anstehenden Neuordnung Europas nach dem Prinzip des Selbstbestimmungsrechtes der Völker verfahren würde, ein Prinzip, von dem Wilson mit Nachdruck gefordert hatte, es müsse überall auf der Welt Geltung erlangen. Daß es völlig abstrakt war und gerade dort in Europa, wo es angewendet werden sollte, am allerwenigsten auf die Wirklichkeit paßte, weil dort die Ethnien in kompliziertester Mischung lebten, das wurde vor lauter idealisch hohen Gefühlen nicht bemerkt, und so konnte im Windschatten dieses realitätsfernen Einheitswahnes, sozusagen von Luzifer gedeckt, die ahrimanische Macht ans Werk gehen, an das Werk der allmählichen Zerstörung aller Gemeinsamkeit, aller Kultur und aller

Menschlichkeit. Das Gespenst des nationalen Sonderungswahnes fegte über die Erde hin, und es wütet noch heute.

Die Zerstörungskräfte, die sich hier Bahn gebrochen haben, sind der Sprache von alters her eingepflanzt durch jenen Eingriff der Widersacher, der die Menschheit auseinanderriß und in die Vereinzelung der Gruppen trieb («Turmbau zu Babel»). Seitdem nämlich hat Sprache neben der gemeinschaftsbildenden Kraft im Kleinen auch eine trennende, entzweiende Wirkung im Großen. Solange allerdings das Ich noch nicht freigesetzt war und der Mensch sich seelisch-geistig, aber auch blutsmäßig noch als Glied seiner Gruppe empfand, hatte diese spaltende, sondernde Kraft der Sprache ihren guten Sinn. Denn sie ermöglichte der Gruppe die notwendige Abgrenzung nach außen, um für sich eine eigene Identität ausbilden und bewahren zu können. Sobald sich aber das Einzel-Ich aus der Bindung an die Gruppenseele herauslöst und ein selbständiges inneres Leben entfalten kann, steht es vor der Notwendigkeit, die weitere Entwicklung nun aus sich selbst heraus zu gestalten – eine gewaltige Forderung, vor der die meisten noch zurückschrecken. Und doch gibt es in die Zukunft hinein keinen anderen Weg, als dieses Nadelöhr zu durchschreiten. Geschieht das nicht und das Ich zieht sich zurück ins Gruppenhafte, um dort die Identität zu finden, die es sich selber nicht zu geben vermag, dann werden dieselben Kräfte, die vorher im Sinne des Menschheitsfortschrittes wirkten, indem sie jeder Gruppe die notwendige Immunität verliehen, unzeitgemäß und können nur noch Schaden anrichten: Das gesunde Abstoßen alles Fremden steigert sich zu Fremdenhaß und Rassismus, das natürliche Bewahren der Gruppenidentität pervertiert zu Nationalismus und Chauvinismus. Beide gemeinsam münden in Krieg und Völkermord.

Aus solchen Erfahrungen ist bisher wenig gelernt worden. Daher setzen die Gegenmächte ihr Zerstörungswerk ziemlich ungehindert fort, indem sie die Spaltungssucht auch innerhalb der kleiner und kleiner werdenden Gruppen immer wieder schüren, bis sich schließlich der frühere Egoismus der Gruppe mit all seinen Immunkräften im einzelnen Menschen zusammenzieht und sich verdichtet zur Drachennatur seines niederen Ich. Da steht dann der einzelne mit seinem brutalen Egoismus und seiner grenzenlosen Selbstsucht der eigenen Volksgruppe so gegenüber, wie früher die Gruppe als ganze anderen Gruppen gegenüberstand. Der Krieg aller gegen alle kündigt sich an.

Emanzipation von der Sprache – eine Forderung der Gegenwart

Wie ein Abbild dieses fortschreitenden Zerstörungsprozesses erscheint die AIDS-Krankheit, die ja darauf beruht, daß ein Virus den Körper befällt, der das körpereigene Immunsystem dazu bringt, nach und nach sich selbst zu zerstören. Nun hat aber gerade diese rätselvolle Krankheit in jüngster Zeit der immunologischen Forschung einen gewaltigen Auftrieb gegeben, und dabei mußten die Wissenschaftler für sie erstaunliche Erfahrungen machen, die ein Licht auch auf das hier zur Rede stehende Problem werfen. Es zeigte sich nämlich, daß das «biologische Ich» des Menschen, wie man das körpereigene Abwehrsystem zu nennen pflegt, nicht nur hochgradig abhängig ist von der psychischen Stimmungslage des Betroffenen, sondern auch immens gestärkt werden kann durch aktive Hinwendung zu geistigen Zielen und Idealen, die den Menschen über sich selbst hinausführen.[53]

Damit ist eine für die Therapie entscheidende Entdeckung gelungen: Heilende, stärkende Kräfte gewinnt der Mensch nur dadurch, daß er sich von seiner Leiblichkeit losreißt und sich erhebt zu der geistigen Sphäre, in der sein eigentliches Wesen urständet. Das gewöhnliche Erden-Ich ist leibgebunden und teilt daher mit dem Leib den Gestus der Abwehr nach außen und der Identitätsbewahrung nach innen; das aber ist noch nicht das wirkliche Ich des Menschen, sondern sein Ego, das immer zum Egoismus neigt, jenem Egoismus, der für den Leib vollkommen berechtigt, ja naturnotwendig ist, um seine Gesundheit zu erhalten, der aber für Seele und Geist eine Krankheit bedeutet, die als antisoziale Kraft in die Welt hinausgetragen wird und dort zerstörerisch wirkt. Nur wo der Mensch sich zu seinem höheren Ich emporarbeitet, das mit seinem Interesse die ganze Welt umspannt, kann die Krankheit überwunden werden.

Längst sieht sich die Menschheit gedrängt, überall von der Bindung an Blutsgemeinschaft und Bodenständigkeit, an Rasse, Volk, Stamm, Sippe, Familie Abschied zu nehmen und das Abenteuer der Ichwerdung zu wagen. Doch kommt es darauf an, sich von der Entwicklung nicht einfach treiben zu lassen, sondern bewußt den Prozeß zu ergreifen und ihn selbst voranzutreiben. Dazu gehört, daß wir uns nicht nur aus den alten Gruppenbindungen lösen, sondern überdies aus der Verhaftung an die eigene Leiblichkeit, aus der Abhängigkeit von der Sinnlichkeit und überhaupt aus der Fesselung an die materielle Welt.

Das gilt auch, und nicht zuletzt, für unser Verhältnis zu der Sprache. Hier stehen wir vor der Aufgabe, unser Wahrnehmungsvermögen loszureißen von dem, was sinnlich-physisch erklingt, und das Eigentliche nicht mehr in den Worten, sondern hinter ihnen zu suchen, in einem Raum, den wir nur geistig ertasten können, nicht mit den äußeren Sinnen. Unbewußt sind wir längst auf dem Wege zu diesem Ziel, wie Rudolf Steiner an folgendem Beispiel demonstriert:

«Denken Sie sich, es läßt sich heute jemand bei Ihnen melden mit seiner Visitenkarte, auf der steht ‹Ernst Müller›. Sie werden wahrscheinlich nicht vermuten, daß nun ein Mensch hereinkomme, mehlbestaubt und so weiter, der also ein Müller ist. Ebensowenig werden Sie vermuten, wenn sich jemand als ‹Richard Schmied› meldet, daß ein Mensch hereinkommt, der eben noch Pferdehufe beschlagen hat.»[54]

«Nicht wahr, niemand ist in einem solchen Fall berechtigt, aus dem Namen Müller irgend etwas herauszuholen, sondern es handelt sich darum, daß man vielleicht noch gar keine Gedanken faßt, sondern abwartet, was hinter dem Namen Müller steckt, oder aber, man weiß es aus irgendwelchen andern Lebenszusammenhängen heraus, welche Wesenheit, welche wirkliche Lebensentität hinter diesem Namen Müller steckt. (...)

Denselben Weg, welchen solche Eigennamen machen, bei denen wir diesen Weg schon in völliger Klarheit heute überschauen können, denselben Weg machen in der Zeit der Entwickelung, der wir entgegengehen, in der Zeit vom fünften in den sechsten nachatlantischen Zeitraum hinein, alle Worte durch, wird die ganze Sprache durchmachen. Dennoch stekken wir als Menschen heute noch fast über den ganzen Umfang der Sprache hinüber darinnen, unsere ganze Weisheit im Grunde aus der Sprache heraus zu nehmen. Im Grunde verhalten wir uns gegenüber dem weitaus größten Umfang der Sprache so, daß wir aus den Worten auf die Sache schließen. Man kann es nun bequem finden, aus den Worten auf die Sache zu schließen; aber der Gang der Menschheitsentwickelung ist eben ein anderer, und solchen Dingen gegenüber muß man sich so verhalten, wie auch, ich möchte sagen, den Naturerscheinungen gegenüber. In solchen Dingen gibt es objektive Notwendigkeiten.»[55]

Es ist kein Zufall, daß Steiner solche und ähnliche Äußerungen stets im Zusammenhang mit seinen Bemühungen um eine Neugestaltung des sozialen Organismus gemacht hat, die 1919 zu der sogenannten Dreigliederungsbewegung führten. Denn es ging ihm um nichts Geringeres, als die sozialen Beziehungen der Menschen untereinander, die ja wesentlich von der Sprache abhängig sind, auf ein völlig neues Fundament zu stellen, auf das Fundament einer übersprachlichen, direkt von Geist zu Geist sich vollziehenden Verständigung.

Als 1918 die Kriegskatastrophe zu Ende gegangen war und alle Welt sich betroffen fragte, wie man jetzt zu einem dauerhaften Frieden und einer neuen Sozialordnung kommen könne, da tönten aus dem Munde von Politikern wie Lenin und Wilson die alten Phrasen in Gestalt wohlklingender Programme, und die Menschen ließen sich von neuem betören und suchten ihr Heil in Worten, ohne deren gefährliche Hohlheit zu durchschauen. Um so nachdrücklicher betonte Rudolf Steiner die Notwendigkeit, «daß hineingetaucht werden muß in diese Emanzipation eines Seelenlebens, das nicht mehr an den Worten haftet». Er wurde nicht müde darzulegen, daß die bedrängende soziale Frage nicht gelöst werden könne, wenn wir nicht «gewissermaßen über die Worte und über die Sätze hinausgehend an die Sache herankommen», und «daß die objektiven, gesetzmäßigen Impulse der Menschheitsentwickelung schon verlangen, daß wir uns frei machen von der Sprache, daß aber die Menschen aus den bequemen Denkgewohnheiten heraus eben nicht loskommen wollen von dem Hängen an der Sprache».[56] Seit dem eindrücklichen Erlebnis, was es mit der Sprachgebung des Verfassers des 14-Punkte-Programms auf sich hat, wußte Steiner nur zu gut, warum er das Losreißen von der Sprache forderte. Doch wurde er nicht verstanden, und das Unglück nahm von neuem seinen Lauf.

Die Katastrophen, die darauf folgten, waren geeignet, die Welt zu belehren, welche Macht von Worten ausgeht, denen man blindlings vertraut. Wie weit die Lehre allerdings begriffen wurde, mag dahingestellt bleiben. Gleichwohl werden wir auf Dauer nicht umhinkönnen, uns dieser Notwendigkeit zu stellen, ja, wir werden, wie Steiner an anderer Stelle bemerkt, geradezu gezwungen werden, sie zu akzeptieren, und zwar dadurch, daß die in der gegenwärtigen Zivilisation tonangebenden westlichen Völker, besonders die angelsächsischen Völker, Sprachen sprechen, die «aus der Sprache selbst, aus den Lauten der Sprache, aus dem Ton der Sprache, auch aus der Grammatik der Sprache das eigentliche Geistige herausgeworfen haben. Und aus diesem Herausgeworfenhaben des Geistig-Seelischen aus dem anglo-amerikanischen Idiom folgt die Weltmission der anglo-amerikanischen Völker.» Sie besteht darin, daß diese Völker lernen, «indem sie den anderen Menschen zuhören, nicht nur den Laut zu vernehmen, sondern die Geste der Sprache zu deuten, mehr zu vernehmen als den bloß physischen Laut, etwas zu vernehmen, wenn gesprochen wird, was von Mensch zu Mensch zwar, aber doch über das Gesprochene hinaus, übergeht».[57]

«In der anglo-amerikanischen Sprache lebt nicht mehr jenes Verbundensein der menschlichen Seele mit dem Sprachelemente, wie es in älteren Zeiten vorhanden war. (...) Dadurch wird das entgegengesetzte Element, der entgegengesetzte Pol des Seelenlebens hervorgerufen: die Notwendigkeit, sich zu verständigen über die Sprache hinweg.

Sehen Sie, das ist das ungeheuer Wichtige. Man wird sich in der Zukunft englisch nicht verständigen können, wenn man nicht zu gleicher Zeit ein gar nicht in der Sprache lebendes, unmittelbar elementarisches, empfindendes Verstehen von Mensch zu Mensch entwickelt, das dann erst der Sprache ihr Leben gibt. Das heißt aber nichts Geringeres, als daß der übersinnliche Mensch, der erste übersinnliche Mensch in das geschichtliche Dasein der Menschheit eintreten muß.»[58]

Zwar werden die äußeren Laute auch künftig noch ertönen, aber nur, um den anderen aufmerksam zu machen auf das, was hinter den Worten geistig zu hören ist in einem realen Gedankenlesen von Mensch zu Mensch. So wie ein Telefonklingeln für sich nichts weiter beansprucht, als den Partner zum Abnehmen des Hörers zu veranlassen, «so wird in der Zukunft das Sprechen selber sein. Es wird allerdings begleiten müssen die Gedankenentwickelung, aber es wird ein fortwährendes Anklingeln des andern sein, und das Verständnis von Mensch zu Mensch, das wird aus einem viel tieferen Seelenelement hervorgehen müssen.»[59]

Der Anforderung, sich über die Sprache hinweg zu verständigen, können die englischsprechenden Völker nicht ausweichen, weil diese Umwandlung schon in ihrer Sprache veranlagt ist und sich ganz naturgemäß vollziehen wird. Sie soll aber nach Rudolf Steiners Darlegungen nicht auf den anglo-amerikanischen Raum begrenzt bleiben, sondern wird auf die ganze Welt ausstrahlen. Steiner sah darin durchaus nichts Negatives, sondern im Gegenteil «etwas für die Menschheit außerordentlich Heilsames. Es kann gewissermaßen», so bemerkte er, «für die moderne Menschheit nichts Besseres geben, als daß sich innerhalb desjenigen Volkselementes, das die Weltherrschaft antritt, eine Sprache ausbildet, die nicht mit dem Geiste sich decken kann.»[60] Diese Bewertung mag manchen verwundern, denn es wäre naheliegend, in dem Herabsinken der tradierten Kultursprachen zu einem bloßen «Anklingeln des andern» eher einen Rückschritt zu sehen als einen Fortschritt, und gerade von Rudolf Steiner, der zeitlebens mit der Sprache so innig verbunden war, hätte man eine solche Äußerung vielleicht nicht erwartet.

Aber so einfach liegen die Dinge nicht. Was von der einen Seite her mit vollem Recht als ein beklagenswerter Niedergang gewertet werden kann, erweist sich von der anderen Seite her als Bedingung eines wirklichen Fortschritts. So, wie die Sprachen heute beschaffen sind, waren sie von den Inspiratoren der Erdenentwicklung nicht gewollt. Die Widersachermächte haben sie in ihrem Sinne gestaltet und sich in ihnen ein Werkzeug geschaffen, mit dem sie die Menschheit unbemerkt in den Vernichtungskrieg aller gegen alle treiben können. Daher sollten wir uns nüchtern eingestehen: Solange wir für die Verständigung von Mensch zu Mensch keinen anderen Weg kennen als den über die herkömmliche Sprache, werden wir uns Ahrimans verderblichem Einfluß nicht entziehen. «Wenn man sich heute durch die Sprache verständigt, so wird man eigentlich mehr oder weniger ein Sklave der Sprache. (...) Heute kommt der Mensch nur weiter, wenn er sich mit seinem Denken und Empfinden von der Sprache emanzipieren kann. Die Sprache läuft gewissermaßen heute wie ein Mechanismus, in dem wir drinnenstehen, und statt unserer lebt eigentlich immer mehr und mehr der Ahriman in der Sprachenentwickelung drinnen. Ahriman redet eigentlich heute, wenn die Menschen reden.

Und die Menschen müssen sich nach und nach gewöhnen, aus ganz anderem heraus sich zu verstehen als aus dem bloßen Wortlaut der Sprachen.»[61]

Das aber wird nur möglich sein, wenn wir aus den Worten, die wir in der Sinneswelt hören, unser Bewußtsein herausheben und auf das lauschen, was hinter diesen Worten geistig zu uns spricht. Ein wirklicher Schwellenübertritt ist gefordert! Und es zeigt sich, wie weiter oben schon an Beispielen dargelegt wurde, daß die Sprache hinter der Sprache tatsächlich vernehmbar wird. Freilich ist es weniger der Intellekt, der sie versteht, als vielmehr die Hellhörigkeit des Seeleninneren, die in den Kräften des Herzens lebt.

Es liegt also an uns, Ahrimans Angriffe ins Positive zu wenden, indem wir uns durch sie wachgerufen fühlen, eine neue Fähigkeit auszubilden, die für den Menschheitsfortschritt von größter Bedeutung sein wird. Gelingt uns das, dann bahnen wir einen Weg zum anderen Menschen, der dem ahrimanischen Zugriff entzogen bleibt, einen Weg, der direkt in das Innere seines geistig-seelischen Wesens führt und uns teilhaben läßt an dem, was in ihm vorgeht. Allerdings wird der Mensch da, wie Steiner es formuliert, «viel nackter dem Menschen gegenüberstehen als heute»,[62] weil alle Wortfassaden, hinter denen man sich verstekken könnte, wegfallen und die wahren Gedanken oder Gefühle unverhüllt zutage treten. Andererseits verliert aber auch alles, was Ahriman an trennenden, sondernden Tendenzen, an Spaltungswahn und Selbstsucht in die Sprachen hineingebracht hat, seine bestimmende Kraft, und eine neue, wahre Sozialität kann sich bilden. Sie wird sich auf einer höheren Ebene entfalten als in alten Zeiten, wo die physische Sprache es war, die die Menschen zu Gemeinschaften zusammenführte. «Aus der Sprache und aus dem, was durch die Sprache als Zusammenhang der Menschen zustandegebracht worden ist, gingen die patriarchalischen und sonstigen sozialen Zusammenhänge hervor. Jetzt, wo die Sprache abstirbt, muß eine innere Geistigkeit an die Stelle desjenigen treten, was die Substanz der Sprache war. Das ist die Bedingung eines wirklichen Fortschrittes.»[63]

Diese «innere Geistigkeit», die ersetzen muß, was einst die Substanz der Sprache war, sie ist kein Naturgeschenk, das uns ganz von selbst zukäme; wo sie entsteht, ist sie eine Leistung des Ich, das sich aus der Leibgebundenheit herausgerungen hat. Und noch eines ist wichtig zu bemerken: Indem die Verständigung von Geist zu Geist, von Herz zu Herz sich vollzieht in einem elementaren, unmittelbaren Verstehen alles dessen, was in dem anderen lebt, wird der andere Mensch in seiner Wahrheit erkannt, und zugleich wird die Wahrheit im anderen Menschen erkannt – ganz im Sinne des Christus-Impulses, der uns Leben und Wahrheit in jeder einzelnen Menschenseele finden läßt.

Aus alledem wird verständlich, warum Rudolf Steiner es der Anthroposophie zur Aufgabe gemacht hat, jenseits der physischen Sprache eine neue, menschheitsverbindende Sprache zu schaffen:

«Wir brauchen etwas, was als Geistiges nicht mehr bloß aus den Sprachen kommt, sondern auf eine viel unmittelbarere Art aus der Seele erwächst. Wenn wir in historischer Beziehung, für den gegenwärtigen historischen Augenblick die Anthroposophie im richtigen Sinne erfassen wollen, so besteht sie darin, über die ganze Welt hin etwas wie ein internationales Verständigungsmittel zu finden, ein Verständigungsmittel, durch welches sich Mensch zu Mensch findet, ein Verständigungsmittel, welches gleichsam ein Niveau höher liegt als die Sprache.

Die Sprache erfaßt das, was von Mensch zu Mensch spielt, im Laute, der vermittelt wird durch die Luft. Im Grunde genommen bewegen wir uns mit der Sprache in der sinnlichen Welt. Verstehen wir uns durch tiefere Elemente der Seele, verstehen wir uns durch die Gefühls-getragenen, durch die Herz-durchwärmten Gedanken über die Sprachen hinaus, dann haben wir wiederum ein internationales Verständigungsmittel. Aber wir müssen eben auch ein Herz haben für dieses internationale Verständigungsmittel. Wir müssen den Weg zum Geiste des Menschen über die Sprache hinweg finden.

Das bedeutet aber zugleich (…) für die anthroposophische Bewegung im gegenwärtigen historischen Augenblicke: zu suchen gewissermaßen nach einer Sprache der Gedanken. Die gewöhnliche Lautsprache bewegt sich in der Luft, sie lebt noch im sinnlichen Elemente. Die Sprache, die angestrebt wird durch die Anthroposophie, wird sich bewegen – mehr als bildlich ist das gemeint – im reinen Elemente des Lichtes, das von Seele zu Seele, von Herz zu Herz geht.

Und die moderne Zivilisation wird ein solches Verständigungsmittel brauchen. Sie wird es nicht nur für die Dinge der höheren Bildung, sie wird es brauchen auch für die Dinge des täglichen Lebens.»[64]

Wege zum Genius der Sprache

Die Emanzipation von der Sprache, die Rudolf Steiner forderte, mag damals noch wie Zukunftsmusik geklungen haben. Doch hatte sie, während er darüber sprach, bei jungen, sprachsensiblen Dichtern in den Schützengräben des Ersten Weltkrieges schon begonnen: Ihnen war die grauenhaft zynische Allgewalt todbringender Phrasen so unerträglich, daß sie um der Wahrhaftigkeit willen keine andere Möglichkeit mehr sahen, als ihrer eigenen Sprache den Kampf anzusagen und sich innerlich von ihr zu lösen, auch wenn das allergrößte Schmerzen bereitete. Seither ist der Rückzug aus der Sprache in vielerlei Gestalt zum Generalthema der Lyrik des 20. Jahrhunderts geworden, wie ich in einem Aufsatz an anderer Stelle ausgeführt habe.[65] Jedoch ist darin nur ein Symptom zu sehen für ein viel breiteres, allgemeines Geschehen, das sich weitgehend unbemerkt vollzieht, aber zunehmend an Kraft gewinnt. So mußte ich zum Beispiel nach langjähriger Unterrichtspraxis mit einer gewissen Verblüffung bemerken, daß immer mehr Schüler – und nicht nur die sogenannten schwachen Schüler, sondern oft auch die intellektuell führenden – offenkundige Satzbaufehler gar nicht mehr als Fehler empfinden (von sonstigen Fehlern ganz abgesehen), weil sie den Eindruck haben, der gemeinte Gedanke komme doch heraus, und das genügt ihnen dann vollauf. Zur Illustration seien hier zwei einfache Beispiele angeführt:

«Der Platz, an dem eine Burg erbaut werden sollte, wählte man sorgfältigst aus.»

«An der Spitze der verschiedenen Provinzen stellte er sich selbst.»

Offenkundig erinnert sich der Schreiber am Ende des Satzes nicht mehr, wie er ihn begonnen hat, oder er weiß am Beginn des Satzes noch gar nicht, wie er ihn beenden will. Wie immer, ein Bewußtsein für die Gesamtarchitektur des Satzes ist nicht vorhanden. Nichtsdestoweniger weiß der Schüler ganz genau, was er sagen will, und das vor allem ist für ihn das Entscheidende; seien die Worte korrekt oder nicht – wenn aus ihnen das herauszuhören ist, was tatsächlich gemeint war, dann haben sie seinem Empfinden nach ihren Dienst getan und bedürfen keiner weiteren Aufmerksamkeit!

An solchen Nuancen läßt sich ablesen, wie stark inzwischen die Neigung geworden ist, sich mit dem Erleben aus dem Klangleib der Sprache zurückzuziehen in die Innerlichkeit der Sprechintention.

Auch aus der Bildhaftigkeit der Sprache hat sich das Bewußtsein immer mehr zurückgezogen. Das führt mitunter zu grotesken Bildvermischungen, etwa, wenn ein Sportarzt auf die Häufigkeit von Knieverletzungen im Skisport aufmerksam machen will mit den Worten:

«Die Achillesferse des Skisportlers ist sein Knie»

oder wenn eine Tageszeitung folgende Stellenanzeige veröffentlicht:

«Wir brauchen frisches Blut für unser Team:
ARZTHELFERIN
für chirurgische Praxis gesucht.»

Letzteres Beispiel ist besonders lehrreich, denn hier wurde auf das Äußere der Sprache sogar gesteigerter Wert gelegt: Dem Schreiber war bewußt, wie eintönig-langweilig die üblichen Suchanzeigen klingen, und um sich davon wohltuend abzuheben, hat er sich bemüht, durch bildkräftige Formulierung seinem Text eine ansprechende, frische Note zu geben. Daß seine Worte einen makabren Hintersinn ergeben, davon hat er gar keine Empfindung gehabt, weil er das Bild zwar gesucht, aber nicht wirklich durchlebt hat. Es bleibt aufgesetzt.

Der Prozeß der Ablösung von der Sprache, den Steiner so dringend angemahnt hat, ist also in einem gewissen Sinne schon voll im Gange; die Beispiele ließen sich beliebig vermehren. Da er aber in der Regel nicht mit Bewußtsein geschieht, ahnen die Menschen nichts davon, welch eine gewaltige, menschheitsbedrohende Gefahr mit ihm verknüpft ist: Indem sich das Denken und Fühlen Schritt für Schritt aus der gewachsenen Sprache herauszieht, tun sich fortwährend Hohlräume auf, in welche die Geister der Lüge und der Zerstörung, des Hasses und der Unmenschlichkeit Einzug halten, um ihrem Vernichtungswerk nachzugehen. Wie können wir dieser Gefahr entgegenwirken?

Mit ganzer Seele in der sinnlich erklingenden Sprache aufzugehen, wie es in früheren Zeiten möglich war, ist uns nicht mehr gegeben. Andererseits sind wir aber auch noch nicht in der Lage, die übersinnliche Verständigung von Geist zu Geist schon in vollem Umfang zu praktizieren. Wir bleiben weiterhin auf die herkömmliche Sprache angewiesen, und in dieser Übergangssituation müssen wir gewärtig sein, daß wir mit jedem Schritt, den wir aus der Sprache heraus machen, den Widersachern einen Schritt in die Sprache hinein ermöglichen – es sei denn, wir entschließen uns, die Leere, die wir in der Sprache durch unseren Rückzug hinterlassen haben, ganz bewußt wieder mit menschlicher Substanz zu füllen. Die Verantwortung für die Geschicke der Menschheit gebietet uns, diese Aufgabe zu ergreifen, indem wir die neue Innerlichkeit, die uns aus der Emanzipation von der Sprache erwachsen ist, dazu verwenden, ebendieser Sprache, der wir den Aufstieg verdanken, von innen her zu neuem Leben und neuer Wahrheit zu verhelfen. Wir müssen die Räume selbst besetzen, in denen die Widersacher gerne hausen möchten; nur so können wir ihnen die Plattform ihres Wirkens entziehen.

Indessen ist das leichter gesagt als getan. Denn je mehr es dem Menschen gelingt, durch die Schulung seiner Erkenntniskräfte aus dem bloß begrifflich-intellektuellen Denken zu einem wesensoffenbarenden Schauen der geistigen Welt aufzusteigen, desto heftiger wird er die Sprache als seine Feindin erleben, die alles, was von den inneren Schauungen ins Wort gebracht werden soll, verfälscht und verdirbt. Wiederholt hat Steiner von dem harten inneren Kampf berichtet, den der Geistesforscher zu kämpfen hat, wenn er sich in der sinnesgebundenen Sprache mitteilen will, die in ihrem heutigen Zustand «ein ganz schauderhaftes Instrument» abgibt.[66] Ähnliche Erfahrungen kennt jeder, der schon einmal gescheitert ist an dem Versuch, intime Erlebnisse, die seine Seele erfüllten, in Worte zu fassen.

Wird der Kampf aber mutig geführt und ohne abzulassen durchgestanden, dann stellt sich eine überraschend neue Erfahrung ein: Während der Schauende mit der Sprache ringt, bemerkt er, daß sie einen entschiedenen Eigenwillen hat und der Kampf nicht dadurch zum Ziele geführt werden kann, daß man diesen Eigenwillen gewaltsam zu unterdrücken versucht, sondern dadurch, daß man sich sagt: «Auch du mußt erst dich an ihren Eigenwillen hingeben, damit sie aufnehme, was du schaust.»[67] Mit anderen Worten: Der Ringende stößt «nicht auf ein unbestimmtes, wachsartiges Element, das man beliebig formen kann», sondern auf ein reales geistiges Wesen, auf den «Geist der Sprache», der früher, als die Menschen noch vollseelisch in der Sprache lebten, in ihr bildend und schaffend tätig war, jetzt aber in der menschlich entleerten Sprache kein Zuhause mehr hat und schon dabei war, sich ganz aus dem Sprachleib zurückzuziehen.

Wenn der Mensch mit diesem Genius der Sprache in der entsprechenden Gesinnung «redlich kämpft, so kann der

Kampf den besten, den schönsten Ausgang nehmen. Es kommt ein Augenblick, wo man fühlt: der Sprachgeist nimmt das Geschaute auf. Die Worte und Wendungen, auf die man kommt, nehmen selbst etwas Geistiges an; sie hören auf, zu ‹bedeuten›, was sie gewöhnlich bedeuten, und schlüpfen in das Geschaute hinein. – Da tritt etwas ein wie ein lebendiger Verkehr mit dem Sprachgeiste.»[68]

Die Sprache, die solcherart in Worte und Sätze gerinnt, hat einen ganz besonderen Charakter: Der Mensch hat sie selbst errungen, mit höchster Anstrengung erkämpft und darf sie als seine eigene Leistung betrachten; und doch wird er weit davon entfernt sein, sie als sein persönliches Werk anzusehen, denn die lebendige Kraft, die jetzt in ihr atmet und pulst, die stammt nicht von ihm, sondern von einem erhabenen geistigen Wesen, dem Geist der Sprache, der eben nicht eine leere Metapher ist, sondern eine wirkende Realität. Allerdings wirkt dieser Geist nicht mehr naturhaft-gesetzmäßig wie eine höhere Macht, die über uns kommt und uns zwingt, ihr zu folgen. «Der Sprachgenius ist zum größten Teil eben gestorben und muß wiederum verlebendigt werden»,[69] so hat es Rudolf Steiner einmal erschütternd formuliert, und zu dieser Wiederbelebung ist nur das Ich des Menschen in der Lage! Der Sprachgenius beginnt wieder zu wirken, wo das Ich ihn durch sein Ringen und Bemühen zur Wirksamkeit aufruft, und auch nur, solange es ihn aufruft. So darf der Mensch sich sagen: Ich bin es, der diese Worte spricht; und doch bin ich es nicht, sondern der Geist der Sprache in mir.

Was hier aus der Perspektive des Geistesforschers geschildert ist, darf nun nicht zu dem Schluß verleiten, nur der hellsichtige Initiierte sei fähig, die Sprache neu zu beleben. Es gibt noch einen anderen, viel einfacheren Weg, sich mit dem Genius der

Sprache zu verbinden, den jeder von uns ohne besondere Voraussetzungen beschreiten kann, wenn er will. Er wurde am Ende des zweiten Teils bereits skizziert: Man kann sich vornehmen, in einer bestimmten Art auf die Worte und Wendungen der Sprache zu achten und sich immer wieder einmal den ursprünglichen, unserem Bewußtsein längst entsunkenen Bildgehalt zu vergegenwärtigen, der in ihnen steckt. Dadurch können wir uns in das Wort wieder «hineinfühlen», aus dem unsere Empfindung schon heraus war, und wir entdecken voller Freude die frische, konkrete Anschaulichkeit, die der Sprache einstmals Saft und Kraft verliehen hat und die auch uns wieder in ein herzhaftes, vollmenschliches Sprechen zurückführen kann.

Diese Übung (von Rudolf Steiner in dem Aufsatz «Sprache und Sprachgeist» beschrieben[70]) mag sehr schlicht erscheinen. Doch bedeutet sie viel. Durch sie reißen wir uns los von der strohernen Abstraktheit, in die luziferische Mächte die Sprache getrieben haben, und wir befreien uns auch von dem luziferischen Einheitswahn, der da meint, in der eisig-dünnen Höhenluft blutleerer Begriffe sei man mit der ganzen Menschheit verbunden. Man ist es nicht, die Abstrakta lassen den Hörer kalt. Erst wenn unser Sprechen wieder durchfühlt und konkret wird, erreicht es den anderen und macht ihn warm.

Nicht umsonst sah Rudolf Steiner in dieser Übung ein wichtiges Element der sozialen Pädagogik und der Völkerverständigung. Denn der Geist der Sprache, den wir auf so einfache Weise in uns lebendig machen, ist nicht für jede Sprache ein anderer, sondern er lebt in allen Sprachen als ein Einheitliches.[71] In ihm kann sich die ganze Menschheit finden, durch ihn wird die Zerklüftung in Völker und Nationen, zu der Luzifer die Voraussetzung schuf, wieder geheilt.

Schließlich sind noch zwei weitere Wege zu nennen, auf

denen Rudolf Steiner die große Kulturaufgabe der Hinführung zum Sprachgeist vorantreiben wollte. Beide sind selbständige Künste geworden und setzen eine gründliche Schulung voraus. Der eine wurde zusammen mit Marie Steiner ausgearbeitet, um die künstlerische Gestaltung der gesprochenen Worte auf eine höhere, bewußtere Stufe zu heben und damit sowohl der Rezitationskunst als auch der Schauspielkunst neue Impulse zu geben. Im Unterschied zu dem vorher besprochenen Weg bleibt die Arbeit an der Sprache hier nicht auf das innere Erfühlen der Worte und Wendungen beschränkt, sondern wird auf die Tätigkeit der Leibesorgane ausgeweitet, die so durchgestaltet werden sollen, daß es dem Sprechenden gelingen kann, wie in einem Vorgriff auf die Zukunft die Sprache zu einem Doppelwerk werden zu lassen, indem sie einerseits vollständig ichhaft ergriffen, persönlich durchfühlt und durchdrungen ist, zugleich aber vollständig Gefäß wird für das Spirituelle und im Zuhörer nicht den Eindruck erweckt, die Persönlichkeit ergreife das Wort, sondern umgekehrt: Das Wort ergreift als geistige Kraft die Persönlichkeit und tönt durch sie hindurch.

Entsprechendes gilt auch für den zweiten Weg, den der eurythmischen Bewegung. Die Schöpfung der Eurythmie war Rudolf Steiners produktive Antwort auf den Verfall der Sprache. Ja, man muß sogar sagen: Ohne den Sprachverfall hätte die Eurythmie gar nicht geboren werden können. Solange nämlich die Sprache noch fest verwachsen war mit dem menschlichen Organismus, solange waren die Gestaltungskräfte, die den Ausatmungsstrom zu hörbaren Lauten und Worten formen, leiblich gebunden. Erst als sich die Sprache vom Menschen zu lösen begann beziehungsweise der Mensch aus der Sprache, wurden sie frei und konnten nun anders verwendet werden. Statt sie den Widersachern zu überlassen, lenkte Steiner sie in genialer Weise in die Sprache zurück, jetzt aber nicht in die hörbare Sprache, sondern in eine ganz andere Sprache, die überhaupt erst geschaffen werden mußte. Die neue Bewegungskunst, die daraus entstand, hält die Lautbildekräfte vor dem Kehlkopf zurück und lenkt sie um in die Bewegung der Glieder und Muskeln des Leibes, läßt also die Gliedmaßen das «sprechen», was sonst die Sprechorgane als Klang in die Luft hinausplastizieren. «Sichtbare Sprache und sichtbarer Gesang» war daher Steiners Definition für die Eurythmie.

Anders aber als bei der hörbaren Sprache, in der die klanggestaltenden Kräfte weitgehend ohne unser Bewußtsein in die Muskulatur des Leibes eingreifen, ereignet sich diese sichtbare Sprache nicht von selbst. Wir müssen uns unter größten Anstrengungen um sie bemühen, müssen hart darum kämpfen, daß die aus der physischen Welt allmählich sich zurückziehenden (und in diesem Sinne fast schon gestorbenen) Geisteskräfte der Sprache in unseren Gliedmaßen wiederum tätig werden, herbeigerufen durch das Ich, von ihm errungen, aber nicht aus ihm stammend. Die unbewußte Genialität, mit der sich das kleine Kind voller Hingabe und Tatkraft die hörbare Sprache erwirbt, muß sich verwandeln zu vollbewußter Hingabekraft an den Genius der Sprache. Das macht die sichtbaren «Worte» neu und lebendig, das macht sie wahrhaftig, denn sie sind durch das Ich hindurchgegangen und ganz von ihm erfüllt.

Daher kann Eurythmie – neben vielen anderen Dingen, die sie bewirkt – ein «Erziehungsmittel zum Wahrheitssinn» werden: «Je mehr die Sprachen abstrakt werden, desto mehr werden sie auch unwahr. Und gerade bei vorgeschritteneren Sprachen findet man das Phrasenelement ganz besonders ausgebildet, weil sich die Sprache loslöst vom Menschen. In der

Eurythmie wird alles, was sich in der Sprache loslöst, wiederum zurückgenommen in den Menschen. Da kann dann der Mensch, wenn er sich ganz hineinzuleben hat in das, was er selber empfindet, indem er sich selber zum Instrument macht, nicht unwahr sein. Und wenn man die Kinder Eurythmie machen läßt, so entwickeln sie einen Gegensinn für alles Phrasenhafte, sie entwickeln einen Sinn für Wahrhaftigkeit.»[72]

Dieses Ziel vor Augen, verhilft die Eurythmie dem Menschen zu seinem vollen Menschentum. Denn er selbst ist es, der sich in dem sichtbar gemachten Wort offenbart, der es mit allen Kräften des Leibes, der Seele und des Geistes erschafft, und doch spricht er in diesem Worte nicht den eigenen Seeleninhalt aus, sondern den eines fremden Menschen, den der Welt; er selber schweigt und macht sich zum Wort der anderen. Sicher wird das oft nur annäherungsweise gelingen. Aber wo es einmal gelingt, da hat für einen Augenblick Menschheitszukunft in die Gegenwart Einzug gehalten: Der Mensch ist Wort geworden, und das Wort ist Mensch geworden.

Was
Ihnen
die
Bildzeichen
der
WELEDA
sagen
wollen.

Anmerkungen

1 Zitiert nach *Der Spiegel* 34/1991, S. 223.

2 So der Titel eines *Spiegel*-Artikels (3/1993, S. 136 ff.).

3 In einem aufsehenerregenden Aufsatz zog H. M. Enzensberger 1993 aus solchen Beobachtungen den Schluß, ein kollektiver Amoklauf sei im Gange, der das natürliche Regulativ der Selbsterhaltung außer Kraft gesetzt habe und daher nur noch in die kollektive Selbstverstümmelung und Selbstvernichtung einmünden könne (*Der Spiegel* 25/1993, S. 170 ff.).

4 Diese Betrachtung geht zurück auf einen Vortrag, der am 5.2.1993 in Stuttgart gehalten wurde und in der Zeitschrift *Erziehungskunst* (Heft 4/1993, S. 409 ff.) bereits publiziert worden ist.

5 Erschienen in der *Süddeutschen Zeitung* vom 30.1.1993, S. 13.

6 Derselbe Bericht, der in Anmerkung 2 genannt wurde.

7 *Der Spiegel* 49/1992, S. 231.

8 Vortrag vom 11.9.1920, in: *Geisteswissenschaft als Erkenntnis der Grundimpulse sozialer Gestaltung*, Rudolf-Steiner-Gesamtausgabe Bibl.-Nr. (= GA) 199, Dornach [2]1985, S. 258 ff.

9 Vortrag vom 17.3.1920, in: *Vom Einheitsstaat zum dreigliedrigen sozialen Organismus*, GA 334, Dornach 1983, S. 88 und S. 92 f.

10 Vgl. dazu R. Steiner: *Zeitgeschichtliche Betrachtungen – Das Karma der Unwahrhaftigkeit*, GA 173, Vortrag vom 25.12.1916, Dornach [2]1978, S. 275.

11 Die Phrasenhaftigkeit heutiger Sprache ist in der neueren Literatur häufig Gegenstand ernster und heiterer Betrachtungen geworden. Ich verzichte deshalb hier auf eine genauere Beschreibung und verweise auf mein Buch *Medienmagie oder die Herrschaft über die Sinne*, Stuttgart [2]1992, S. 18 ff. und S. 29 ff., sowie auf meinen Aufsatz «Des Alphabetes Leiche hob sich aus dem Grab», in: *Lesen im anthroposophischen Buch; ein Almanach. Vierzig Jahre Verlag Freies Geistesleben*, Stuttgart 1987, S. 27 ff.

12 Vortrag vom 9.4.1918 in dem Zyklus *Anthroposophische Lebensgaben*, GA 181, Dornach [3]1991, S. 214.

13 So formuliert in dem in Anmerkung 2 genannten Artikel, der eine Reihe kritischer Äußerungen aus jüngster Zeit zitiert. Hinzuweisen ist auch auf den mutigen Essay von Freimut Duve: «Vom Ende der Souveränität» (*Der Spiegel* 39/1991, S. 197 ff.) sowie auf Bemerkungen von Michael Reismann («Wenn aus Freiheit Vertreibung folgt») in: *Die Zeit* Nr. 46, 6.11.1992.

14 Beispielsweise in dem Vortrag vom 13.7.1919 in: *Geisteswissenschaftliche Behandlung sozialer und pädagogischer Fragen*, GA 192, Dornach [2]1991, S. 291 f.

15 Allerdings mit dem Unterschied, daß er in seiner nördlichen Hälfte weit nach Westen vorgeschoben wurde, weil die durch den Hitler-Stalin-Pakt ermöglichte sowjetische Annexion Ostpolens und des Baltikums auf der Jalta-Konferenz 1945 nicht rückgängig gemacht wurde und die sowjetische Besatzungszone in Deutschland noch dazukam.

16 Tschechischer Originaltitel: *Moc Bezmocných*. Deutsche Übersetzung 1980 im Rowohlt-Taschenbuch-Verlag, 1989 neu aufgelegt. Meine Seitenzahlangaben beziehen sich auf die Ausgabe von 1989.

17 *Süddeutsche Zeitung* vom 21./22. November 1989, S. 1.

18 Als Beispiele seien hier genannt: Dolf Sternberger / Gerhard Storz / W. E. Süskind: *Aus dem Wörterbuch des Unmenschen*, Hamburg 1957. – George Steiner: *Sprache und Schweigen. Essays über Sprache, Literatur und das Unmenschliche*, Frankfurt/M. 1969 (Originalausgabe *Language and Silence*, New York 1967). – Paul Friedländer: *Kitsch und Tod. Der Widerschein des Nazismus*, München/Wien 1984 (Originalausgabe *Reflets du nazisme*, Paris 1982). – Victor Klemperer: *L T I. Notizbuch eines Philologen*, Halle/Saale [3]1957.

19 Mehrere Aufsätze dazu sind zusammengestellt in: *Orwells Jahr – Ist die Zukunft von gestern die Gegenwart von heute?* hg. von Dieter Hasselblatt, Frankfurt/Berlin/Wien 1983. In einem weiteren Sinne hierherzustellen ist auch das in Anmerkung 18 genannte Buch von Sternberger/Storz/Süskind.

20 Weitere Literatur zu diesem Thema nennt Pörksen am Ende des Buches, Stuttgart [3]1989, S. 122 ff.

21 In dem Buch *Medienmagie* (s. Anmerkung 11), S. 33 ff.

22 Näheres dazu in meinem Buch *Medienmagie* (s. Anmerkung 11), S. 36 ff.

23 Entnommen aus Marie Luise Kaschnitz: *Gesammelte Werke*, hg. von Chr. Büttrich und N. Miller, Band 5, Frankfurt/M. 1985, S. 404 f.

24 Vortrag vom 10.6.1913, in: *Die Welt des Geistes und ihr Hereinragen in das physische Dasein*, GA 150, Dornach [2]1980, S. 96 f.

25 Bericht der *Süddeutschen Zeitung* vom 22.12.1989, S. 6.

26 In tschechischer und deutscher Sprache veröffentlicht vom Börsenverein des Deutschen Buchhandels in einer Broschüre mit dem Titel *Friedenspreis des Deutschen Buchhandels 1989. Václav Havel. Ansprachen aus Anlaß der Verleihung*, Frankfurt/M. 1989, S. 41 ff.

27 In dem Aufsatz «Sprache und Sprachgeist», zuerst erschienen in der Zeitschrift *Das Goetheanum* am 23.7.1922, wiederabgedruckt in dem Sammelband *Der Goetheanumgedanke inmitten der Kulturkrisis der Gegenwart*, GA 36, Dornach 1961, S. 296 – 300.

28 Ebd., S. 299 f.

29 Vortrag vom 18.7.1915, in: *Kunst- und Lebensfragen im Lichte der Geisteswissenschaft*, GA 162, Dornach 1985.

30 In der Terminologie des (Pseudo-) Dionysios Areopagita, auf dessen Schriften die Hierarchienlehre des christlichen Abendlandes zurückgeht, werden diese Wesen als «Exusiai» bezeichnet. Unter ihnen stehen, dem Rang nach absteigend: die Archai (Zeitgeister), Archangeloi (Erzengel), Angeloi (Engel).

31 Karl Jaspers: *Einführung in die Philosophie*, München 1959, S. 131. Auf S. 97 nennt er diese Epoche auch die «Achsenzeit» der Weltgeschichte.

32 Robert von Ranke-Graves: *Griechische Mythologie. Quellen und Deutung*, Band II, Reinbek bei Hamburg 1960, S. 8.

33 Aus dem Aufsatz «Sprache und Sprachgeist» (s. Anmerkung 27), S. 299.

34 Vortrag vom 18.7.1915 (s. Anmerkung 29), S. 149.

35 Ebd., S. 151.

36 Ebd., S. 152.

37 Heinrich Schmidt: *Philosophisches Wörterbuch*, hg. von Georgi Schischkoff, Stuttgart [16]1961, S. 297.

38 Beispielsweise in dem Vortrag vom 28.5.1910, in: *Die Offenbarungen des Karma*, GA 120, Dornach [7]1975, S. 213.

39 Ebd., S. 213 f. und S. 216.

40 Uwe Pörksen: *Plastikwörter. Die Sprache einer internationalen Diktatur*, Stuttgart [3]1989. Vgl. Anmerkung 20.

41 *Der Spiegel* 38/1993, S. 143 f.

42 Vgl. dazu meinen Aufsatz «Verlust und Wiedergewinnung der Sprache im Jugendalter» in der Zeitschrift *Erziehungskunst*, 2/1992, S. 106 ff.

43 Aus dem Artikel «Ausgerastert. Was die Brandanschläge über die Lage der Jugend verraten» vom 18.6.1993.

44 Hinweise dazu bei Jane M. Healy: *Endangered Minds. Why Our Children Don't Think*, New York 1990.

45 Das berichtet M. Pabst-Weinschenk: «Kranke Lehramtsstudent-Innen?» in: *Sprache – Stimme – Gehör*, 17/1993, S. 59 – 64. Zitiert nach: *Ärztliche Praxis*, Sept. 1993.

46 Vortrag vom 13.7.1919 in: *Geisteswissenschaftliche Behandlung sozialer und pädagogischer Fragen*, GA 192, Dornach [2]1991, S. 279 und S. 281.

47 Siehe Anmerkung 46.

48 Fragenbeantwortung zu dem Vortrag vom 17.10.1918, in: *Die Ergänzung heutiger Wissenschaften durch Anthroposophie*, GA 73, Dornach [2]1987, S. 370.

49 Ebd., S. 371.

50 Vortrag vom 16.10.1918, in: *Der Tod als Lebenswandlung*, GA 182, Dornach [3]1986, S. 182.

51 Sieben Stellen sind mir bekannt: 14.3.1918 (GA 67), 30.3.1918 (GA 181), 17.8.1918 (GA 183), 16.10.1918 (GA 182), 17.10.1918 (GA 73 und GA 277), 25.10.1918 (GA 185), 13.7.1919 (GA 192).

52 Vortrag vom 13.7.1919 (s. Anmerkung 46), S. 289.

53 Vgl. dazu Wolfgang Goebel / Michaela Glöckler: *Kindersprechstunde. Ein medizinisch-pädagogischer Ratgeber*, Stuttgart [10]1992, S. 214 ff.

54 Vortrag vom 21.9.1920, in: *Gegensätze in der Menschheitsentwickelung*, GA 197, Dornach [2]1986, S. 140.

55 Vortrag vom 11.9.1920 (s. Anmerkung 8), S. 253 ff.

56 Ebd., S. 256 f.

57 Vortrag vom 13.9.1919, in: *Der innere Aspekt des sozialen Rätsels*, GA 193, Dornach [4]1989, S. 134.

58 Vortrag vom 13.7.1919 (s. Anmerkung 46), S. 289 f.

59 Ebd., S. 290.

60 Ebd., S. 288.

61 Vortrag vom 17.1.1920, in: *Geistige und soziale Wandlungen in der Menschheitsentwickelung*, GA 196, Dornach [2]1992, S. 79 f.

62 Vortrag vom 13.7.1919 (s. Anmerkung 46), S. 291.

63 Ebd., S. 292.

64 Vortrag vom 17.8.1923, in: *Gegenwärtiges Geistesleben und Erziehung* (Ilkley-Zyklus), GA 307, Dornach [5]1986, S. 232 f.

65 Siehe Anmerkung 11.

66 Vortrag vom 17.1.1920 (s. Anmerkung 61), S. 81.

67 Aufsatz «Sprache und Sprachgeist» (s. Anmerkung 27), S. 297.

68 Ebd.

69 Vortrag vom 28.3.1919, in: *Vergangenheits- und Zukunftsimpulse im sozialen Geschehen,* GA 190, Dornach [3]1980, S. 71.

70 Siehe Anmerkung 27.

71 Ebd., S. 298.

72 Ansprache zur Eurythmie-Aufführung am 30.10.1920, in: *Eurythmie. Die Offenbarung der sprechenden Seele,* GA 277, Dornach [2]1980. S. 202 f.

Praxis Anthroposophie

1
Peter Normann Waage
Wenn Kulturen kollidieren
Islam und Europa – Das Phänomen Salman Rushdie

4
Wolfgang Schad
Erziehung ist Kunst
Pädagogik aus Anthroposophie

7
Heinz Zimmermann
Sprechen, Zuhören, Verstehen
in Erkenntnis- und Entscheidungsprozessen

17
Gudrun K. Burkhard
Das Leben in die Hand nehmen
Arbeit an der eigenen Biographie

18
Rainer Patzlaff
Medienmagie
oder die Herrschaft über die Sinne

20
Otto Ulrich
Politik als Kunst
Der freiheitliche Weg zur inneren Einheit Deutschlands. Ein politisches Essay

21
Stefan Leber (Hrsg.)
Waldorfschule heute
Einführung in die Lebensformen einer Pädagogik

28
Karl-Martin Dietz
Individualität im Zeitenschicksal
Gefährdung und Chancen

Verlag Freies Geistesleben